やりたいことがある人は未来食堂に来てください

「未来食堂」店主

小林せかい

祥伝社

装丁＝倉又美樹（n・i・co・i・con）
写真（対談、まかないさん写真を除く）＝高橋真人
題字・図版・本文の手書き文字＝著者

環境が、あなたの行動にブレーキをかけるのではありません。
あなたの行動にブレーキをかけるのは、ただ一つ、あなたの心だけなのです。

（「日経WOMAN」ウーマン・オブ・ザ・イヤー2017　受賞スピーチより）

未来食堂の"まかない"で修業し、
大阪で定食屋を始めたまかないさん。

いろんな方が"まかない"をしています。
その数年間のべ450人(!)。

木製のご飯椀。木製だと割れない。
なのに、使うお店はほとんどない。

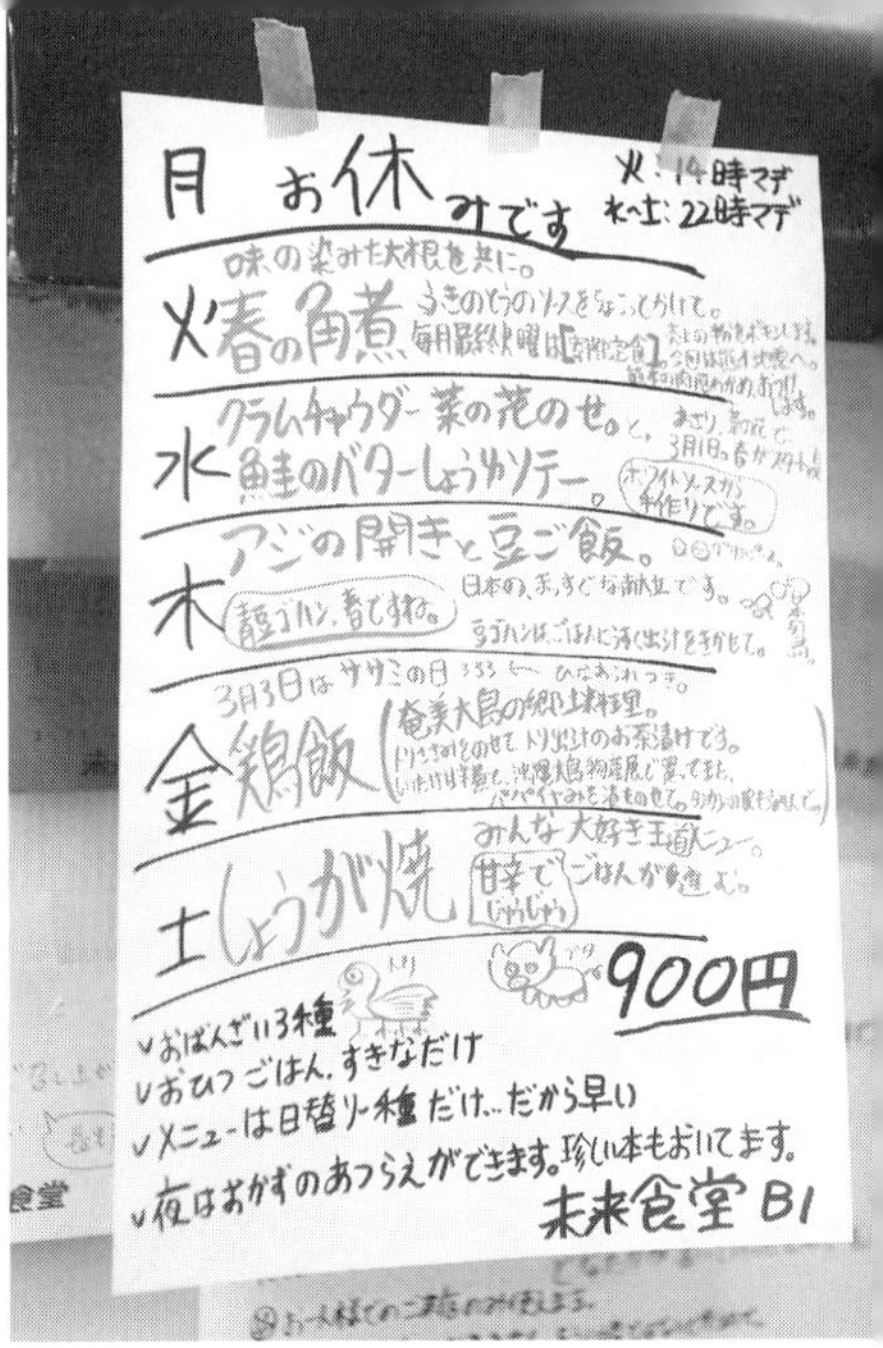

未来食堂のメニューは「日替わり一種」のみ。
"飲食店にはメニューがある"は、
"当たり前"でしょうか?

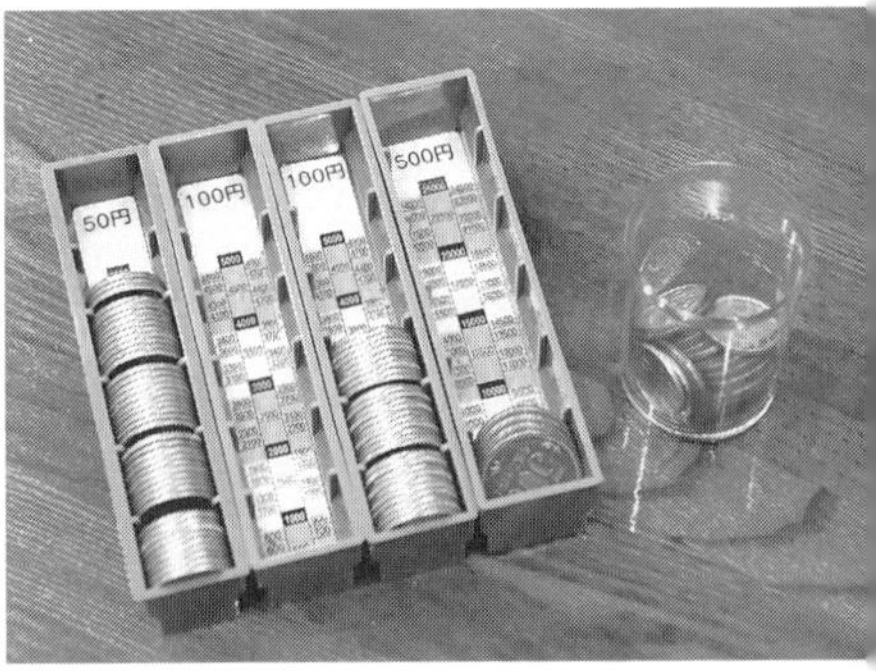

未来食堂には10円玉ケースが存在しません。
必要ないからです。

未来食堂

伝えたい思いを自分の言葉で表現する。
店内のメッセージは
すべて手書きです。

これから新しいことを始めるあなたへ
―まえがきにかえて

「いろいろ考えたけれど、本当にやることにしました」と伝えてくれて、うれしかったです。これからも、きっと大変なことが続きますね。

私も、あなたと同じで、未来食堂を始めた時は、悩んだり、立ち止まったりしてばかりでした。そんな時にどう乗り越えていったか…。それを伝えることが、新しいことに立ち向かうあなたへの、何よりの応援メッセージになると信じて、今、ペンをとっています。

応援しています。この気持ちが少しでも伝われば、うれしいです。

はじめまして。

東京は千代田区の神保町《じんぼうちょう》にある定食屋、「未来食堂《みらいしょくどう》」店主の小林《こばやし》せかいと申します。

未来食堂は私一人が回している、カウンター12席だけの小さな定食屋です。

「一人で回してるなんて大変そうだな」と思われたかもしれませんが、実は年間のべ450人以上の方が未来食堂にお手伝いとして訪れ、営業を支えてくれています。

というのも、未来食堂には『まかない』という仕組みがあり、一度来店されたお客様なら誰でも50分手伝うと1食無料になるのです。この『まかない』のおかげで、多くの方が日々の営業を手伝ってくれている、というわけです。

〝まかない〟をする方（まかないさん）は、おいしい〝まかない〟目当ての方はもちろん、飲食店開業を目指す方、NPO主宰者、起業を考える方、学生の方などさまざまです。

多様な人が未来食堂を手伝ってくれる理由――。それは、私自身の経歴も関係しています。私は東京工業大学数学科卒後、日本IBMやクックパッドでITエンジニアとしてキャリアを積みました。その後会社を辞め、異業種である飲食業界で「未来食堂」を開業したのですが、オープン当初から、ただの飲食店ではない、理系的・エンジニア的思考のある斬新な飲食店として評判を集めたのです。新聞やテレビ、インターネットでもたびたび取り上げられ、今では全国津々浦々から大勢の方が視察や学びに来られるようになりました。

飲食業界に留《とど》まらず、新しいことをやりたい方や起業志望の方が大勢来られるのは、右記のように私が、一見関係のない「理系エンジニア」と「飲食店」を結びつけて新しいあり方を作ったからだと思います。

訪れる皆さんは、未来食堂で細々《こまごま》としたことを手伝いながらも、未来食堂のあり方を確かめたりしているように、私には見えます。

未来食堂を体験に来た皆さんが未来食堂を見るように、私もまた皆さんを見ています。するとある時、新しいことをやりたいと考えたり悩んだりしている方に特有の、思考や振る舞いの〝くせ〟があることに気がついたのです。例えば「こんなことをやりたい」という思いはあってもイメージが曖昧《あいまい》だったり、上手《うま》く言語化できていなかったりといったことです。

そういった姿を見るたびに、ぽつぽつとお話ししていることをまとめたのが、この本です。

私もまかないさんもあなたと同じで、悩んだり立ち止まったりしています。

そんな時にどう乗り越えていったか——。それを伝えることが、何かを始めたいと迷うあなたへの、何よりも応援のメッセージになると確信して、このたび、筆を執《と》りました。

内容としては、何かをやる際に必要なステップを、

①考え方
②やり方
③続け方

と3つに分けてお伝えします。

また未来食堂は、「○○から来ました」と全国津々浦々からお見えになるお客様や、「こんな仕組みが欲しかったです」とファンレターをくださる方など、ずいぶん多くの方に良くしていただいています（年間のべ450人の方が〝まかない〟をするために来店されるのもその一端でしょう）。

多くの方が未来食堂を訪れ、心を動かしてくださる、その姿を間近で見て分かってきた、

④人が心を動かす瞬間

開店1年でテレビ・新聞・ラジオに何度も取り上げられ、50回以上（2017年3月現在）の取材経験、インターネットでの取材記事が累計10万シェアを超える経験、日経ウーマン・オブ・ザ・イヤー受賞の体験を元に、

⑤注目を集めた時に気をつけたいこと

も、まとめました。

この本は、先に上梓した『未来食堂ができるまで』（小学館）、『ただめしを食べさせる食堂が今日も黒字の理由』（太田出版）に続く私の3冊目の本です。『～できるまで』は文字通り、未来食堂が開店するまでの日記ドキュメント。実際に私が〝新しいこと〟を始めた時にどう考え行動したかが、当時の日記を振り返ることで追体験できます。

また、2冊目の『ただめしを～』は未来食堂のあり方に興味を持った方に向けた、システムや思想的な内容を掘り下げて書いた一冊。

ですので、〝未来食堂〟という飲食店の枠を超えて〝何かを始めたい方へ伝えたいこと〟に焦点を当てたのは本書が初めてです。

未来食堂に〝まかない〟に来た気持ちで、いろんな発見を楽しんでください。

では、始めましょう。

やりたいことがある人は
未来食堂に来てください

目次

第2章　何かを始める時、やること～アクション～……67

第3章　何かを始めた後、続けるために

第6章　注目を集めるということ……173

第7章　注目された時に気をつけること……217

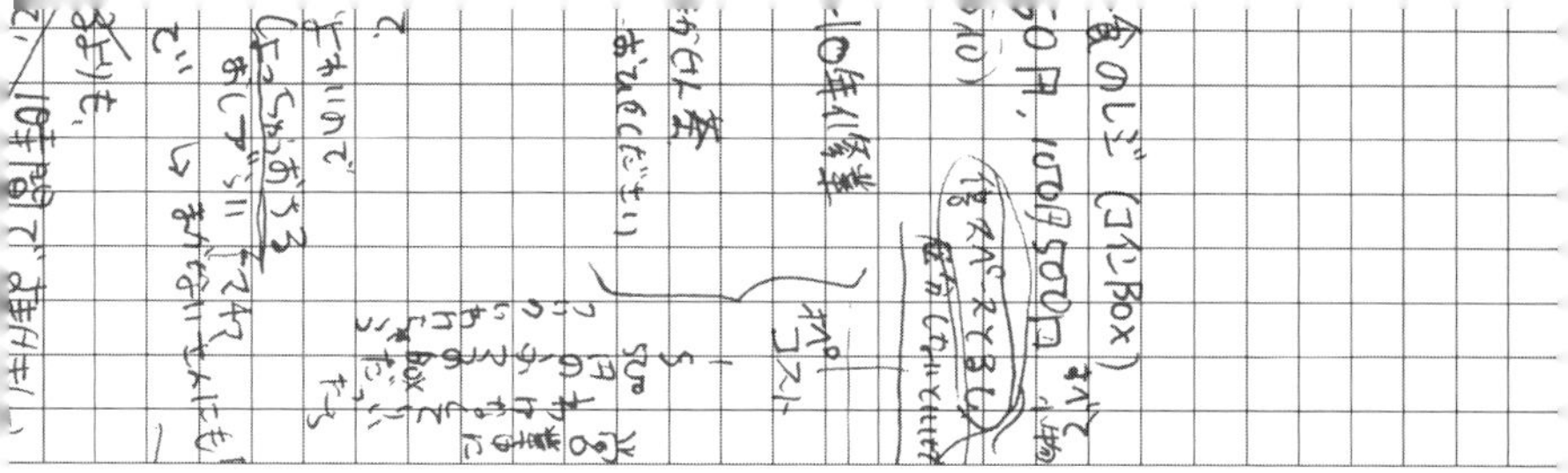

序章

未来食堂とは

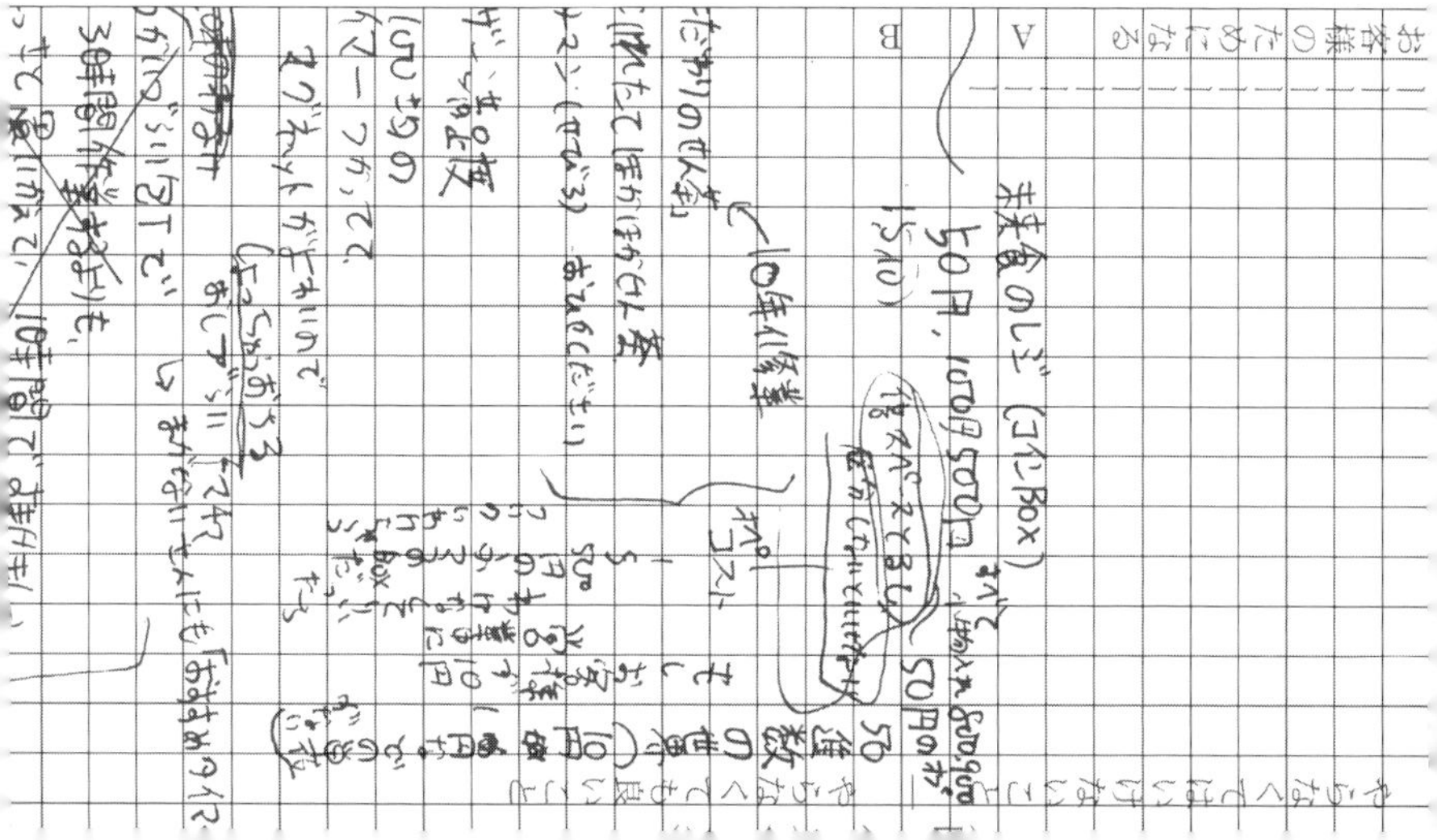

小さな定食屋のちょっと変わった仕組み

未来食堂は、開業してから1年半の小さな定食屋（2015年9月開業）。

これまでの2冊の本でも記していますので、ご存じの方には繰り返しになってしまいますが、ここではまず未来食堂にどのような特徴があるのかを簡単にご説明しましょう。

メニューは日替わり1種類だけ

未来食堂は〝お客様が食べたいものを選択する〟という意味でのメニューは、ありません。というのも、毎日『日替わり1種類』だけをお出ししている定食屋だからです。同じメニューをリピートすることはあまりなく、例えば夏なら冷製の煮物、冬なら牛すじ大根といったように、季節に合わせてメニューや食材を変化させていきます。ハンバーグなどの王道メニューはリピートすることもありますが、基本的に2カ月は空《あ》け、同じ〝ハンバーグ〟だとしても、夏なら『おろしポン酢ハンバーグ』、冬なら『煮込みハンバーグ』と季節に合わせて変化をつけています。

着席3秒で食事ができる

メニューが1種類しかないため、オーダーを取る必要がありません。このため、お客様は着席してすぐに食事をとることができ、使い勝手が良い店としてリピートしてくださる方が非常に多いです。料理を待つ時間がないため、お客様が負担を感じることなく店滞在時間も短くなり、結果的にランチタイム平均4・5回転、最高7回転を記録するなど、徹底的に効率的な定食屋として多くの方に注目されるようになりました。あるテレビ番組で『入店してから6秒でお盆が出る』と取り上げられたこともあります。

あつらえ——おかずをオーダーメイドできる

メニューは1種類なのですが、夜以降は『あつらえ』というシステムがあり、おかずのオーダーメイドができます。通常の飲食店で見るようなメニュー表の代わりに『冷蔵庫の在庫リスト』を用意してあり、2点ほど食材を選んで「炒め物で」など希望の調理法を伝えてもらいます。

「温かいスープを」「今日は良いことがあったのでお祝いの一品を」など、体調や気分に合わせたあつらえも可能です。『あつらえ』は一律400円。メニューという形でお客様に提示すると、食材が一種類切れただけでも他の食材が活用できなくなりロスが出ます。しかし『あつらえ』はその時にある在庫でやりくりするスタイル。従ってロスも出ませんし、お客様にとってみれば自分だけのとっておきの一品が提供される特別感もあります。

まかない——50分のお手伝いで1食無料

先述したように、従業員は私一人ですが、『まかない』という、一度お店に来た人なら誰でも50分お手伝いで1食無料になる仕組みがあります。ですので実際は『まかない』をする人（まかないさん）と一緒にお店を回しています。まかないは開店前から閉店後まで1日最大7枠。〝まかない〟目当ての方、飲食店開業を目指す方、未来食堂の考え方を自分のビジネスに活かしたい方などいろんな方がいらっしゃいます。

開店1年半でまかないさんは年間のべ450人以上。まかないさんが一日中誰もいない日は、1カ月に1日あるかないかくらい。たいていは誰かがいます。

この『まかない』は、私が修業時代、いろいろなお店で「無給でよいですから3カ月働かせてください、いつかお店をやりたいんです」とお願いするも、「3カ月や1年そこらでは使い物にならない」と、何度も門前払いを食らったことがきっかけでした。

「やる気のある若者が1年働いて使い物にならないなんて、根本的に仕組みが間違っている」と強く思い、「3カ月どころか1カ月、1週間、1日、いやいや1時間に満たなくても絶対に役に立てることはあるはずだ」と考えて、50分を一つの単位として誰でも参加できるようにしたのです。

また、一度お店に来てくれたお客様と縁を切りたくないという気持ちも大きいです。たとえお金がなくなったとしても、未来食堂で50分手伝えば、温かいご飯が食べられる。本当に追いつめられた時に、最後に未来食堂のことを思い出してほしい。そんな気持ちから『まかない』は生まれました。

『まかない』は開店当初から機能しており、現時点で約1年半が経ちます。「本当に困って『まかない』をしている人はいるんですか?」とよく聞かれますが、恐らくそういったケースはまだないように思います。ただ、実際にはどうかは分かりません。困っている人がわざわざそれをアピールすることはないでしょう。誰が困っている人なのかそうでないのか、ただの一介の人間である私には分かりません。でもそれでいいのだと思います。大切なのは受け入れることであって、その人がどういう状態であるかを判断することではないのです。

ただめし——誰でも1食無料になる

未来食堂の入り口脇には付箋《ふせん》が貼ってあり、この付箋を剝《は》がして持ってくると誰でも1食無料になります。この『ただめし』は、実は右記で紹介した『まかない』をした誰かが置いていった1食。まかないさんが自分の1食を、見知らぬ誰かのために〝ただめし券〟として置いていったものなのです。

2016年現在、誰でも1食が無料になる仕組みを飲食店に取り入れている店舗は、私が知る限り未来食堂含めて日本に3店舗しかありません。貨幣に依《よ》らない新しいあり方として注目されています。

さしいれ——飲み物持ち込み自由。ただしお店に半分寄付

未来食堂に置いてある有料のドリンクは日本酒1種類だけ（ビールもたまに置いています）。飲み物は持ち込み自由となっており、ただし、持ってきた量の半分をお店

や他のお客様に寄付していただきます（先ほど「ビールもたまに置いています」と書きましたが、実はお客様からの差し入れを一本400円としてお出ししているのです）。

持ち込み料もとらず、一見するとドリンクの利益が出ないように見えますが、お客様にとっては「ここに来れば誰かから何かがもらえる不思議な体験ができる」という特別感があります。未来食堂はビジネス街にあり、夜は人通りのない寂しい立地。ですが、この『さしいれ』により、普段使いの定食屋にもかかわらず遠方から人が来るお店になっています。

元理系ITエンジニアが飲食店開業。異業種からの参入

未来食堂自体の特徴というわけではありませんが、私自身の経歴も一つの大きな特徴として取り上げられています。

私は東工大理学部数学科卒後、IBM、クックパッドでITエンジニアとして勤めていました。こう言うと、「なぜ元エンジニアが定食屋を!?」と驚かれるのですが、自分はいつかお店をやるだろうと15歳の時から思い、過ごしていたので、自分の中でのギャップはありませんでした。

15歳の時、初めて一人で入った喫茶店で受けた感覚、「家の自分でも学校の自分で

もない、何者でもない自分がただ受け入れられている」という感覚に感銘を受け、以降「いつか自分はこんなお店を開くのだろう」と思いながら過ごしていました。

『元エンジニアが営む定食屋』という異色の転身がメディアにも取り沙汰され、10回以上はこの内容で取材を受けました（ちなみに現在は、この観点だけの取材はあまりに受けすぎて食傷気味なのでお断りしています）。

月次決算、事業計画も公開するオープン性

2016年6月売上高123万5000円、原価率24％。7月売上高118万9000円、原価率26％。

これらは未来食堂の月次決算です。未来食堂は月次の売上と原価をブログ『未来食堂日記』で公表しています。また、開業にあたり作成した事業計画書も原本をインターネット上で公開しています。

これは、単に公開しているというよりも、お客様に未来食堂のことを知っていただくための一環として、また、飲食店経営全般に貢献することを目的としています。

元々私はＩＢＭやクックパッドで働くＩＴエンジニアでした。ＩＴエンジニアの世

界では、自分の持っている知識や作品を公開し、誰でもそれに対して指摘や変更ができる、いわゆるオープンソースな考え方が一般的。自分がITエンジニアとして働いていた時も、この思想を好ましく思っていました。

〝秘伝のレシピ〟などに代表される、従来の飲食業界の「知識を隠蔽《いんぺい》することで勝者となるあり方」ではなく、「知識をシェアすることで業界全体を良くしていく」あり方をとろうと決めたのです。

事業計画書や売上決算を開示することによる話題性は、思いがけないほど高いものでした。元々右記のように、「業界全体を良くしたい、事業を始める方に参考にしてほしい」という思いから公開したものでしたから宣伝目的ではまったくなかったのですが、今では「事業計画書を見て来ました」というお客様も多く、インターネット等でもたびたび記事として未来食堂のオープン性が取り上げられています。

理念は『誰もが受け入れられ、誰もがふさわしい場所』

このように、事業のオープン性や独自のシステムで評判を集める未来食堂ですが、そもそもの理念は『誰もが受け入れられ、誰もがふさわしい場所』。

その人の〝ふつう〟を受け入れて調理する〝あつらえ〟や、一人一人のその人らしさをただ受け入れる〝まかない〟を通じて理念が伝播《でんぱ》されること、そういった豊かな場所が存在することを知らしめることを目指しています。「誰もがふさわしい」の試みとして、月1回、18歳〝未満〟だけが会員になれる、会員制サロン『サロン18禁』を開催するなど、さまざまな形でこの理念の体現を目指しています（18歳未満の方で、これをご覧になっている方は、詳細をぜひ未来食堂HPでご覧くださいね）。

既存のものの見方を変えただけ

簡単ですが、以上が未来食堂の特徴です。

さて、このような未来食堂のあり方に驚く方も多いのですが、でも一つ一つはそこまで奇をてらったものではなく、既存のものの見方を変えただけにすぎないということが伝わったでしょうか。

「お客様が働くとは実に新しい飲食店だ！」と感じていただくのは自由ですが、例えば昔から、お金に困った人が皿洗いをして代金の代わりにする、といった話はよく聞きますし、そういった人と人との役割が曖昧《あいまい》な感じは、昔ながらの、といった趣《おもむき》すらあります。

未来食堂がチャレンジしているように、昔からあるものの見方を変え独自の考え方で物事を回すには、いくつかコツがあります。〝まかない〟に来る人たち（まかないさん）もそういったコツを学びに来ていることは、先ほど申し上げた通りです。

・社内コミュニティマネジメントに悩む方
・専業主婦が働くビジネスモデルを考えている方
・地方の雇用問題を解決したい学生
・郷土の食材や料理を多くの人に知ってほしい方
・一人で回せるお店を開業したい方

いろんな方がいらっしゃいます。彼ら彼女らが「なるほど」と感心してくれたことを思い返しながら、そのコツやヒントを書き起こしてみましょう。

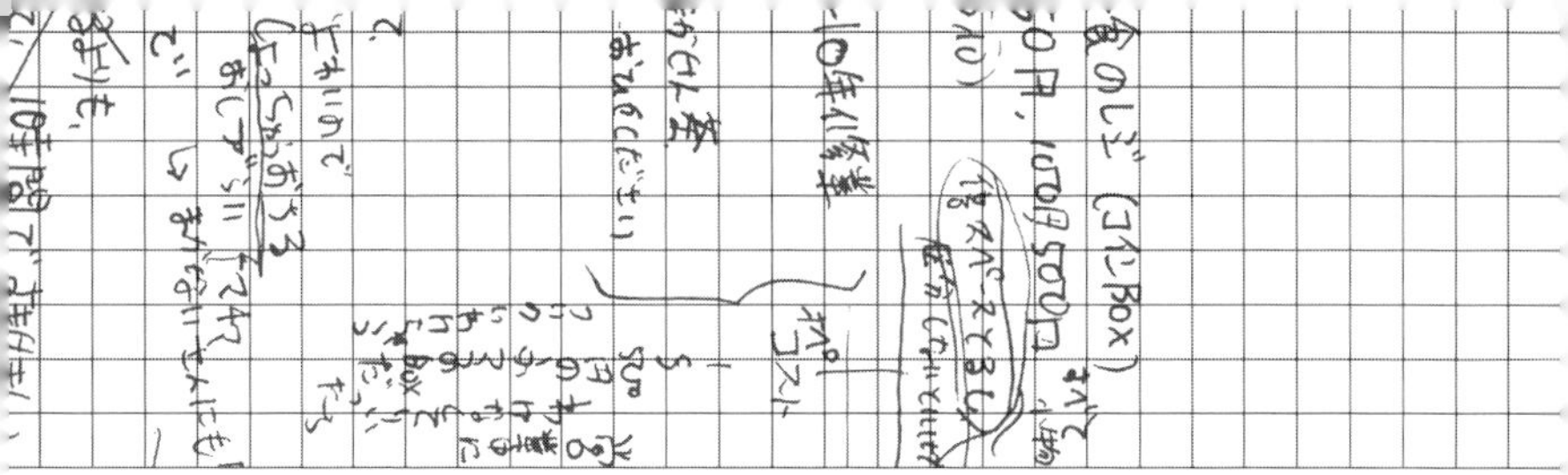

第１章

何かを始める前、知っておきたいこと

～考え方～

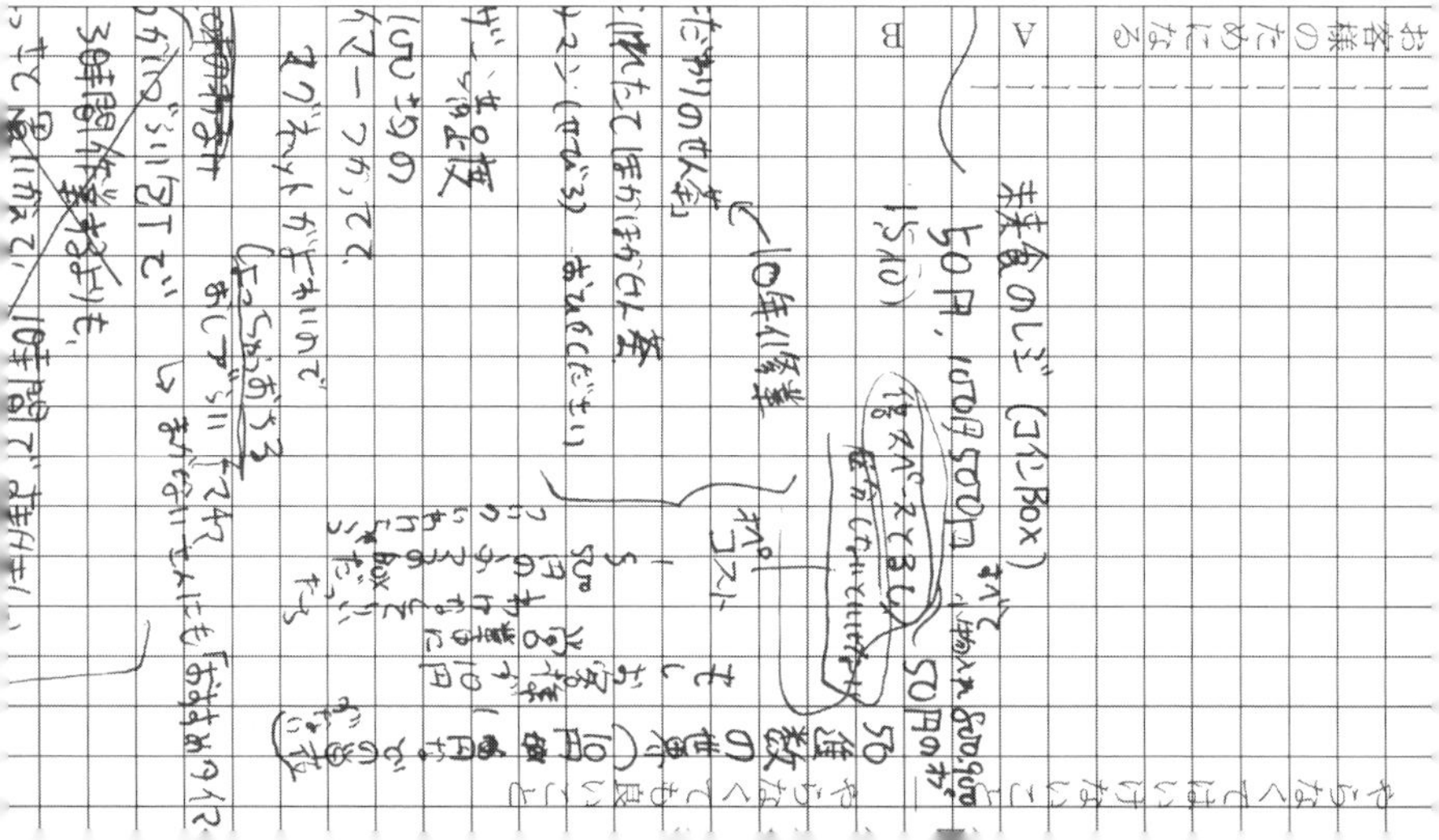

〝うまく行く〟ってなんだろう

取り組みたいことはあるけれど、どう始めていいか分からない……。

そう悩んで、本書を手に取った方がいるかもしれません。

確かに、アイデアはあってもうまく行かなくて挫折したり、うまく行かなそうだったりで断念することが、世の中には多々あることでしょう。

しかし、〝うまく行く〟とは、いったいどういう状態なのでしょうか？

〝うまく行く〟ために、必ずしもパーフェクトな計画が必要なわけではありません。ある程度計画をデッサンするだけで、行動する際の障壁をぐっと小さくすることができます。

ではどうデッサンするか。

不安が尽きない中で、まず何を考えるべきなのか。

この章は、「こういうことをやろうと思ってるんですけど……」から始まるまかないさんたちの迷いに対して、いつも私が話していることをまとめたものです。

この章で伝えたいこと

1. 「自分がやりたいこと」を深掘りする
2. 今できなくても、頑張りで結果は変わる
3. 「当たり前」を解体する
4. 問題点と恐怖を混同しない
5. 黒字であることが最低ライン
6. あるもので考える
7. 必ずしも満点である必要はない

8. 時間を効率的に使う
9. 〝やらないといけないこと〟の質を変える

私が飲食店〝未来食堂〟を始めようと思った時に、そう思えば思うほど『なんだかうまく行かなさそう』と悩む自分がいました。

飲食店の儲《もう》けはそんなに大きくないし、世の中には既に飲食店はたくさんあるし、料理の腕は素人だし、一度開けたらそう簡単には辞められないし、自分が倒れたらどうしよう――。そんなことばかり考えてクヨクヨしていたのです。

私ばかりではありません。私から見ると料理の腕も経験も十分あるまかないさんであっても、「私なんかが……」とおっしゃって開業を怯《ひる》んでいたりするのをよく目にします。

不安を感じるのは皆変わらないのかもしれません。ではどうやって最初の一歩を踏み出せばよいのでしょうか。

1.「自分がやりたいこと」を深掘りする

何か新しいことを始めたいまかないさんからよく、「『XXX』ということをやりたいと思っているんです」と相談を受けることがあります。しかしその内容はほとんどどこかで見た既視感のあるもので、それゆえに印象に残ることがありません。説明を受けた後「せかいさんはどう思いますか」と意見を求められても、興味も湧かず「特にないなあ」と言って仕込みに戻ることもしばしばです。

当初はなぜ同じようなアイデアばかり集まるのか不思議だったのですが（例えば『人が繋《つな》がる・地域を活性化』は特に頻発《ひんぱつ》します）、おそらくそれは彼らのアイデアが「世の中で〝正しい〟と思われている概念のパッチワークにすぎないからではないか」と考えるようになりました。

「AとBならBのほうが世間受けが良さそうだ」と、無意識に世間受けすることを選んでいませんか？

あなたが始めたいと思っているその取り組みを、なぜ他でもない〝あなた〟がやらないといけないのでしょうか？

あなたがこの世の中に軋《きし》むように感じる〝違和感〟をヒントに、皆が理解できるレベルにまで落とし込み、そのイメージを描いていけば、必ずそれはあなただけの、あなたにしかできない取り組みになるはずです。

そういった『他でもない自分がやりたい理由』が感じ取れなかったために、既視感が先立ち、意見を求められても特に思いつかなかったのだと思います。

まかないさんにはこういったことを正直に伝え、一緒にその人自身の小さな絵を描くお手伝いをすることもあります（絵を描く方法については次章にて後述します）。

2. 今できなくても、頑張りで結果は変わる

「頑張ればできるようになる」と言うと精神論主義者のようで違和感がありますが、私が言いたいのは「頑張ってもないのにできないと嘆《なげ》くのは甘い」ということです。

私は理系畑でしかも会社勤めだったので、会社を辞めてから料理の修業を始めたと話すと、「料理にまったく接点がなかったのに、どうして飲食の道を選んだのですか？」とよく質問されました。

料理に接点がなかったり、それが得意分野でなかったとしても、勉強に励《はげ》めばそれでリカバリーできるはずです。私の場合は修業中の1年半で飲食店を6業種回ったり、何百冊という料理本を読むことで実力を付けていきました。今も未来食堂の〝毎日日替わり〟を実現するために、休みの日には自腹を切ってでも高級懐石に通い、一つでもその技術を盗もうと奮闘しています。

高校の時は文系でしたが、1年浪人して理系の勉強を始め、東京工業大学に合格しました。浪人当初は化学の基礎の基礎、〝ベンゼン環〟が分からず「この六角形は何ですか」と質問して失笑されたこともあります。手が届く範囲の勉強を繰り返していくうちに理解が追いつき、ついに私の質問に答えられる人はほんのひと握りの博士課程の指導員だけという状態にもなりました。

エンジニアとしてクックパッドに転職する時も「足し算のプログラムも書けないようなせかいさんには無理」と同僚に止められたのですが、考えすぎて吐《は》くまで勉強に打ち込み、入社のお誘いをいただきました。転職を志《こころざ》してからは、昼休みにプログラミングをキーボードでタイピングするため両手が使えず、昼食は毎日すぐ買ってすぐ食べられる社内の購買のハンバーガーで済ませていました。面接ではボストンバッグに参考書を詰め込み「これを全部やりました」と話して面接官を絶句させたものです。

頑張ってもないのにできないと嘆くのは甘い。個人的には強くそう思いますが、しかし私の〝頑張り〟はしばしば周りの人を絶句させるほどの量なので、私と同じレベルを人に求めることはありません。私は人より理解が遅かったり、前提知識がなかったりする分、頑張る量も増えているだけなのです。

ただ、言いたいのは、「あなたが『自分は頑張っていない』と思うなら、もっと頑張ればいい」ということだけです。「ここまでやれば悔いはない」というところまで自分が鍛錬《たんれん》できれば、後悔なくチャレンジできることでしょう。本当にそこまでやりきって、腹の据《す》わった目をしている人は、あまりいません。

3.「当たり前」を解体する

何か新しいことを始める時に、『普通はXXXだからウチもXXXにしよう』という考え方に知らず知らずのうちにハマってしまうことはありませんか?

もちろん、大多数が行なうセオリーは合理性や必然性が高いゆえに巷《ちまた》に流布しているのでしょうが、必ずしもそうだとは限りません。

自分が未来食堂を始めるにあたり疑問に思った「当たり前」は、**『なぜ飲食店にはメニューがあるのだろう』**ということでした。

もちろん、メニューがあるからお客様は自分が好きなものを選択し、お店に頼むことができます（このように、既存を何から何まで否定するのではなく、『なぜその形態が存在するのか』を無視しないのは大事なことです）。

しかし、メニューありきでは、お客様の望みを叶《かな》えようとするとメニュー数が膨《ふく》れ上がってしまい、用意する食材の数が増えてしまいます。**大切なのは『お客様が満足すること』なのです。**それだけを考えると、**「ならメニューがなくても、お客様が何を望んでいるのか聞いてそれを調理すればいい」**という考え方が浮かんできます。

これが未来食堂のおかずのオーダーメイド『あつらえ』の発想原点です。

また、メニュー（＝お客様の選択肢）がない形態にすることで、オーダーを取る工程が省略でき、待ち時間なしでお客様が食事を取ることも可能にしました。『あつらえ』は夜だけ。忙しい昼は選択肢ゼロで、その代わり満足度の高い食事を提供し、空いている夜は『あつらえ』で個別対応を行なうという仕組みです。

〝当たり前〟に圧迫されていた、修業時代の飲食店

『日替わり1種類』も「当たり前」を疑問視して生まれたものです。

未来食堂を始める前に修業していたある定食屋では、毎日数量限定で日替わりを出していました。通常のメニューよりも100円ほど安い〝日替わり〟は、お客様にも人気で、開店直後に来店したお客様のほぼ全員、95％くらいの方が〝日替わり〟を頼まれていました。

皆が同じものを頼むと、厨房の動きが非常に楽なんですね。なので、開店直後〜30分くらいは非常に楽でした。例えば日替わりが「カツ丼」であれば、カツは揚げ溜めておけばいいし、卵も近くに用意しておけばいいのです。

しかし、日替わりは数量限定ゆえにすぐ切れます。そしてそこからが毎日てんやわんや。急にものすごく生産性が下がるのです。カレーを温めたと思ったら、コンロに置いてある鍋をどけて「ランチコーヒー」用のお湯をポットで沸かす。「冷しゃぶ」を頼まれたら高いところにしまってあるガラスプレートを取り出して、冷蔵庫に食材を取りに行かないといけない。そんなこんなでお客様は10分以上待つし、途中で帰る人もいます。はっきり言って、誰もハッピーになっていないのです。見るに見かねた

私は、さりげなく店長に聞いてみました。

「お客様は皆、日替わりばかり頼むんだから、日替わりの数をもっと増やしたらいいんじゃないですか？」と。そうして返ってきた答えは「日替わりは安いからそればかり頼まれたら困る」というものでした。

内心、仰天しました。というのも、ならば利益を圧迫しない〝やっていける金額の日替わり〟を作ればいいのだし、100円程度の単価UPのために、天と地ほども違う厨房のてんやわんやが巻き起こっていることが、全然本質的でないと感じたからです。

「日替わりは安いから大多数のお客様が頼んでいる」と店長は分析していたのかもしれませんが、私は「オーダーしてすぐ配膳されるものは日替わり以外ない」ことから日替わりへの注文が殺到していると分析しました。値段が安いことを理由に日替わりが注文されていないのであれば、値段を上げたとしても顧客満足度を保ち続けることができるはずです。

お客様はこのてんやわんやで、果たしてどれくらいハッピーになっているのでしょうか。昼は日替わり一本に絞り、夜はおつまみなども用意してゆっくり過ごせるように配慮するというのも合理的選択ではないか……。「〝未来食堂〟では絶対に、日替わり一種類にしよう」、そう考えながら毎日のてんやわんやを過ごしていました。

誰も得していない〝当たり前〟を見つける

「そうは言っても飲食店以外だと、どんな例があるの？」と思われた方もいるかもしれませんね。私の目から見ると世の中には、誰も得していない「当たり前」が結構あちこちに転がっていると感じます。

例えば病院。この間、初診・予約なしで行ったのですが、2時間半待ちました。患者が2時間半待つことにハッピーはあるのでしょうか。私だったら絶対に構造を変えます。

こう言うと「医療はXXXだからYYYなんて無理なの。何も知らない素人だからそういうことを言うんだ。こっちは必死なんだ」と反論する方もいると思います。

確かに私は医療や保険機構について素人です。制度上無理なこともあるかもしれません。ただ私がおかしいと思うのは、「こっちは頑張っているんだからそんなこと言うな」と、現状を変えずに生産性の低い〝激務〟に溺れることを正当化する姿勢です。

例えばその病院では、2時間半待った後に問診室に入ると、私が書いた初診票を先生が一生懸命タイピングして電子カルテに書き換えているんですね。そんなことは医師のやる仕事ではありません。私だったら問診室に〝書記〟を導入し、タイピングはすべてその人に任せます。

「守秘義務があって問診室には医師しか入れないんだ」と言われるかもしれません（分かりませんので空想ですが）。もしそうであれば、医師を雇《やと》いますね。人件費がかさむかもしれませんが、お客様が2時間半待つ状態を是とすることはできません。でもそれも、「病院だから待つのが〝当たり前〟よね」と思っていたら、改善することはないでしょう。

「当たり前」に逆らって奇をてらうことが目的なのではありません。しかし、その「当たり前」の呪縛にとらわれ自分がしんどい思いをして、お客様も大してハッピーになっていないのであれば、それはバッサリと見直すチャンスなのかもしれません。最初は驚かれるかもしれませんが、「そういえば、そうかもね」と皆さんが納得してくれるのならシメたもの。さも当たり前のような顔をして、新しい『当たり前』を差し出せば、なんとなく皆さんも、「そういえばこっちのほうが便利かも」と乗り換えてくれるでしょう。

もちろんそのためには、お客様にとって得があり、かつ、分かりやすい形で差し出す必要があります。

4. 問題点と恐怖を混同しない

新しい事を始めるにあたり、「上手く行かなかったらどうしよう」と不安に感じられるかもしれません。私自身が人一倍ネガティブ思考なこともあり、未来食堂を始めるまでクヨクヨ過ごしていました。そうなると悪いことに、『解決しなければいけない問題点』と『起こったら怖いこと』がごっちゃになってしまうのです。

例えば私の場合は、「未来食堂は一人で回す」と決めていました。

現時点で世間に存在しない『あつらえ』を実現するにあたり、コックを雇って「『あつらえ』とは何か」を伝えていても、どうしても自分が実現したいこととズレが生じてしまいます。それならば一人でやれる範囲でお店を回し、まだない『あつらえ』を自ら体現しようと考えたのです。しかし、一人で回すということは、「私が事故に遭《あ》ったらすぐにお店が立ち行かなくなる」ということです。お店を始める前はこのことが怖くてたまらず、笑われるかもしれませんが、交通事故に遭うのが怖くて引きこもり状態になることもありました。

確かに一人で回すということは、当人がコケると立ち行かなくなります。ですが、何人雇っても、スタート時点では誰もトップの代わりはできません。そう考えると、人を雇って済む問題ではないのです。

つまり、ある問題が発生したとして、その対処（＝やること）は大事ですが、対処した後、気の持ちようで解決すること（＝覚悟すること）をよくよく考えていても仕方ありません。

「やること」は何で、「覚悟すること」は何か。この2段階で考えると気持ちも整理できます。

具体的に、「一人で回す」を例に考えてみましょう。「一人で回す」の懸念事項は大きく2つあるように思います。

・代えが利かない
・作業が自分一人にのしかかり大変

これらの懸念事項をどう解決すればいいのでしょうか。私はこう考えました。

●代えが利かない

〈やったこと〉属人性の低いタスクを徹底的に分業する
〈覚悟したこと〉「初期投資を回収できたら後は成り行き任せでもいいじゃないか」

飲食店として多店舗展開をすることで更に儲けようという計画ではなかったため、そもそも代えが利かなくても問題はありませんでした。

また、未来食堂は『まかない』という、不特定多数にお手伝いしてもらう仕組みがあります。例えば詳細なガイドを用意することで、属人性の低い作業に関しては〝代えが利く〟ようになっています。これにより〝代えが利かない〟要素を最小限に留められます。

では例えば、誰にでも2号店展開が可能なレベルまで、あらゆる業務の属人性を低くするべきでしょうか。決してそんなことはありません。ガイドには落としきれない微妙な接客ノウハウや、調理ノウハウが存在しますし、それはどんなビジネスでも同じでしょう。未来食堂だけが特筆して〝代えが利かない〟わけではありません。

新しいことを始める以上、ある程度代えが利かないのは当然です。それ以上考えていても仕方がありません。

●作業が自分一人にのしかかり大変

〈やったこと〉真に必要な作業（お客様のためになること）だけをこなす

〈覚悟したこと〉「やれる範囲でやる」

「一人で回す」のだから、アレもコレも自分でしないといけない……。そう難しく考えてしまうことはありませんか。しかし、そこが発想の逆転ポイントなのです。「自分一人でアレもコレも」と考えるのではなく、できる範囲を意識して、その中でやればいいのです。例えば「お店だから毎日料理をしなくちゃ」と思うかもしれませんが、世の中には『缶詰だけの居酒屋』もあります。お客様が喜ぶのであればそれでいいのです。

未来食堂の場合は、ご飯はおひつから自分でよそってもらいますし、閉店間際に来たお客様にはたいてい掃除を手伝ってもらっています。

でもお客様がそれで納得されているのなら、それでいいのです。つい、完璧でないといけないと考えがちですが、そうやって大変さを背負うことで誰がハッピーになるのかをよく意識する必要があります。**求められていない苦労はただの自己満足にすぎません。**

ちなみにこの考え方は、私がエンジニアだった時の経験も大きく関係しています。

例えばシステム画面を作るとして、本来ならば押しやすいところにボタンがあったりデザインを綺麗にしたりするのですが、開発中の画面は黒白だったり、イラストの代わりに文字で代用していたりといったことが多々ありました。「ここで力を入れても意味がない」という点はばっさり切り捨て、とにかく開発スピードを最優先します。ＩＴ業界は業界自体の進化速度が速いので、とくにこういった取捨選択が色濃いように感じました。

5. 黒字であることが最低ライン

事業計画を話すまかないさんから、「儲けなくてもいい」と聞くことがありますが、それは誤りです。

お金は投票のようなもの。たくさんの方に良さを伝え、納得していただくことによって儲けを出すことが、ビジネスオーナーの責務です。「でも人の役に立っているから」と、自己犠牲精神を発揮している場合ではありません。本当に『役に立っている』ならば、人はそのビジネスを応援してくれるでしょうし、そうなれば〝儲けがない〟状態にはならないはずです。

未来食堂には、誰でも1食無料になる『ただめし』や、働けば1食無料になる『まかない』の仕組みがあるせいか、「未来食堂は儲けを考えていないから素晴らしいですね」と評する人がいますが、それは誤解です。

儲けは悪ではありません。大きく儲けて大きく返せばそれでいいのです。

例えば未来食堂は、一人で回し人件費ゼロにもかかわらず月商平均110万を記録しています。十分な黒字です。ですので2016年夏から『寄付定食』として月一回、その日の売上の半分を募金に充《あ》てています。

儲けなくてもいいからといって赤字を出すよりも、利益の数%を社会寄付に充てたほうがずっと合理的です（この詳細は「利益を還すこと」として後述します）。

6. あるもので考える

「あれがない、これがない」と思い悩んでいることはありませんか？

「普通だったらXXXがあるはずなのに持ってない。どうしよう」と思っても始まりません。

例えば子ども食堂（子どもの貧困や孤食問題を解決するための地域型食事イベント）をやりたいまかないさんで、希望物件のコンロが一口しかなかったケースがありました。

「コンロが一つだから料理ができない」と嘆いていましたがそうではないのです。それであれば具だくさんのお味噌汁とご飯だけの「子ども食堂〈味噌汁会〉」にするとか、いっそお茶会にすればいいのです。『それではいけない』と思い込んでいるのは、お客様なのか自分なのかをはっきりさせる必要があります。

未来食堂では、閉店後にお客様が来て、おかずがほとんど何も残っていない場合があります。そういう場合も「もう閉店したのでお帰りください」と言うことはありません。ご飯と作り置きのおかずや、梅干しだけでも、お客様が喜ぶのであればそれで良いのです。

大切なのはお客様がそれで納得していること。「普段は温かい主菜も味噌汁も付くのに」と思い悩む必要はないのです。お客様がそれで良いというならそれで良いのです。たまに、そういった場面に遭遇したまかないさんが「せかいさんは絶対にお客様を断らないですね」と驚くこともありますが、わざわざお店に足を運んでくださるのですから当然です。おなかが減った人を追い返すことはできません。ただ、自分が無理して合わせて付き合っても限界があります。できる範囲、あるもので考えることが大切です。

7. 必ずしも満点である必要はない

右記の「あるもので考える」と似た話にはなりますが、お客様は必ずしも満点を求めているとは限りません。例えば飲食店で、次の2つの場合を考えてみましょう。

（A）15分待って、90点のおいしさのランチセット
（B）30秒待って、80点のおいしさのランチセット

記念日や旅行中など、待つ余裕がある時にゆっくりおいしい物を食べたいというケースはもちろんありますが、平日日常のランチにおいて、お客様が価値をより感じるのは（B）のほうではないでしょうか。

未来食堂ではそう方針を立て、例えば中華炒めを作る時には、事前に軽く食材を炒めておきます。そうすることで火の通りが早くなり、提供時間も短縮できるというわけです。ただ、「じゃあもっと早く出せるように」と、お客様が来られる前に完全に炒めきってしまっては冷めてしまいますし、食材もグンナリしてしまいます。どの程度まで用意しておくかがおいしさのポイントであり、工夫のしどころです。

求められているものをある程度用意できれば（この例だと〝おいしさ〟）、それ以外の軸を磨いて（この例だと〝早さ〟）、**トータルで100点に近づければいいのです。**

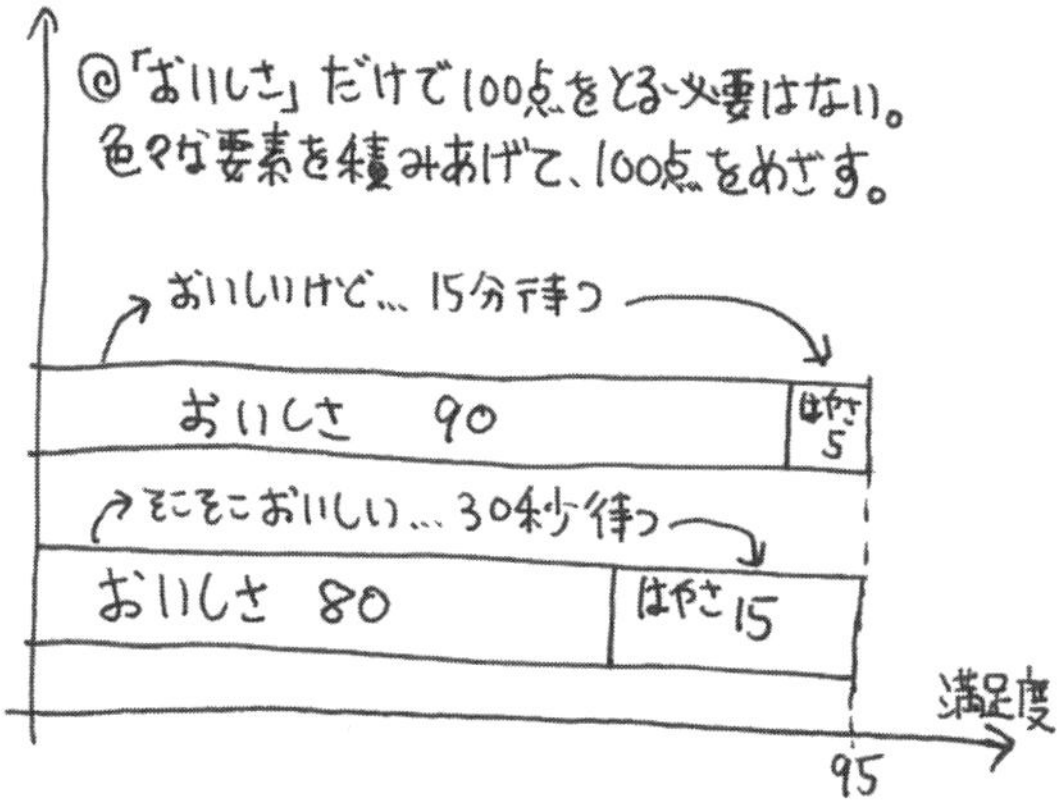

図1）トータルで100点をめざせばいい

8. 時間を効率的に使う

大事なこと以外はしない

新しいことを始めようと思っても、時間は有限です。

よく「せかいさんはいったい何人いるんですか？」と言われるほど、人からは多忙に見られるようで、そんな自分が気をつけている『時間・体力の使い方』をお伝えしようと思います。

ではどれくらい私は〝忙しい〟のでしょ

うか？

まずは本業。未来食堂という定食屋で11時から22時まで70食くらいの食事を提供しています。2カ月に1回雑誌の連載があり、週に1度くらい取材を受け、本を執筆しています（今書いているこの原稿が3冊目です）。筆は早いほうだと担当さんにはありがたがられます（編集者という人種は褒めて伸ばすタイプなのかもしれません）。

ほかにも、メニューは毎日替わるので仕入れの相談や、食べたことのない物を作る時は研究しにあちこちの飲食店を回ります（休みの日は一日4回ご飯を食べることも多いです）。

あと、あまり口には出さないのですが、結婚して6歳の子どもがいるので、ある程度の育児もしています。現在妊娠中で無理もできず、1日に使える時間もよりシビアです。

忙しい人はもっと忙しいでしょうから、私程度ではたかが知れていると思いますが、皆が私を見て驚く、ある一つの奇行があります。それは『**大事なこと以外はまったくしない**』ことです。

例えば私は普段の食事はポップコーンだけですませることがしばしばです。休みの日は他店研究としていろいろな飲食店に足を運ぶのですが、未来食堂を営業していて動けない平日はポップコーンを食べて過ごしています。何を食べようか考えるエネルギーがもったいないのです。

あと私は、家の住所が分かりません。家の場所は分かるのですが、番地を覚えられないのです。マンションの名前も分からないので、スマホで〝じゅうしょ〟という読みで実際の番地に変換できるよう、単語登録しています。たぶん、脳が「必要ない」と判断して忘れてしまうのでしょうね。

30歳になるまでは生まれた年の西暦と和暦が覚えられませんでした（取材のたびに聞かれるので覚えるようになりました）。

今が西暦・和暦何年か分からず、首相の名前も分かりません。〝年号〟〝首相〟という概念は分かるのですが、個々の事象（この場合は数字や人名）に対する記憶に、エネルギーを割けないのだと思います。

私のケースは極端だと思いますので参考にはならないかもしれませんが、しかし、私の目から見ると（ということは極論ということですが）、どうでもいいことにエネルギーを割いて、本業に力を回せていないケースが多々見受けられます。「飲食店開業に向けて食器を探しています」と言うわりには、東京中のデパートの食器売場を訪れていなかったり。ただ、〝教養〟という問題もありますから、あまりにも何も知らないと不審に思われるかもしれませんが……。

やる量ではなく時間を決める

時間の使い方で心がけているのは、「XX分までは作業する」と決め、決めた分を守ったら後はのんきに過ごすというルールです（今書いているこの原稿は、19時10分まで頑張ろうと決めています。現在時刻は18時55分です）。

「とりあえずここまで頑張るんだ」と目標を設定しておかないと、まったく不眠不休でこの原稿を最後まで書き上げることは不可能ですから、途中でやめたことに罪悪感を感じてしまいます。「あー。あの仕事まだ終わらせてないよ……」とクヨクヨしてしまうのですね。目標を決めておくと、「ここまでは頑張ったし！」と前向きに過ごすことができます。ノってきたら目標をずるずると延ばせばいいのです。

個人的な考えかもしれませんが、「今日は〇〇をやろう」と〝やる量〟を基準にすることは良くありません。

なぜならば「今日は○○をやろう」と心の中で思っている段階で、既に（わざわざ思っている時点で）それは〝やりたくないこと〟なのです。やりたくないことをやろうとしても、集中もできずついついグダグダと過ごしてしまいます（本当にやりたいことであれば、わざわざ『やろう』と決意せずとも無意識に喜んで向かっているはずです）。

しかし時間は、本人の意志と関係なく一定に進みます。ですから時間で区切りを付けたほうがヨーイドンで集中せざるをえないのです。

『後はのんきに過ごす』と決めている分、人から作業量の多さを驚かれることもあるのですが、本人の心情的には割と苦でなくこなせています。

9.〝やらないといけないこと〟の質を変える

さて、自分の作業を図2のA〜Dに分けた時、Dを減らすのは当然ですが、CをAに持ってくる意識も大事です。

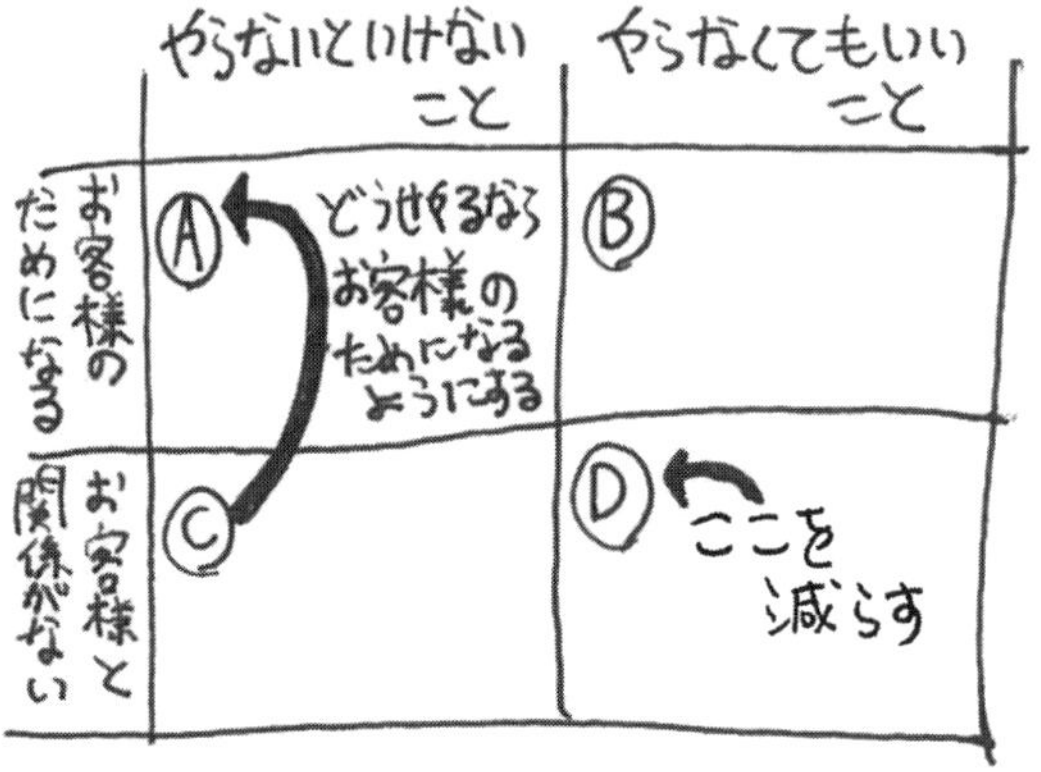

図2）どの行動を変えて、どの行動を減らせばいいのか？

お客様に関係ない、やらなくてもいいムダを止める

人間は、一度慣習化してしまった〝当たり前〟に疑問を抱くことが大変難しい生物です。「〝お客様に関係ない、やらなくてもいいこと〟なんて、やらなくていいに決まってるじゃないか」と頭では理解できても、果たしてそれが何であるか、見つけるのは大変難しいことです。

●存在しない10円玉コインケース

例えば未来食堂では、10円以下の勘定はしません。

驚かれた方もいらっしゃると思います。

でもそれくらいの〝常識〟を飛び越えない

と、〝ムダな当たり前〟は見えてこないことでしょう（経理計算しないという意味ではありませんのでご安心を。詳細はこれから説明します）。

未来食堂のレジの硬貨収納ケースは５００円・１００円・50円のみ。これ以外の硬貨はすべて〝何でもＢＯＸ〟に投げ込みます。というのも、未来食堂のメニューは定食1種類のみで価格は９００円（割引券提示時は８００円）。オプションの生卵なども50円刻みのため、10円玉や5円玉をお客様に渡すケースが会計上発生しえないからです。10円玉をお客様に出す必要がないのですから、分かりやすくしまっておく必要もないのです。会計としては、一日の終わりに〝その他ＢＯＸ〟の金額だけ分かれば問題ありません。**10円玉を分けて仕舞う労力は〝ムダ〟なのです。**

そうは言っても、10円ケースがあるとついついそこに入れたくなるのが人間です。ましてやレジを担当してもらったまかないさんに毎回こんなに長い説明をすることもできません。ですので未来食堂には、**10円・5円・1円の収納ケースが〝ありません〟。**ケースがなければ仕舞えませんから、分けるタスクも発生しません。だから、レジを誰に任せてもムダなことをすることがあり得ないのです。**何がムダかに〝気づき〟、ツールで属人性を省いた一例といえるでしょう。**

〝お客様に関係ない、やらなくてもいいこと〟は、ツールを改良することで止められることも多いです。

●たった一つのタイマーを使い回す厨房（しかも100均の）

とある定食屋で修業していた時の話です。通常、揚げ物の時間はタイマーで計測して作業します。その定食屋も例に漏れず、「唐揚げの揚げ時間は5分、ナスは1分、冷凍魚は7分」などとマニュアルで決まっていました。しかし揚げ機の近くにあるタイマーはたった1個（！）。揚げ物の種類が変わるたびに時間を設定し直さないといけません。おまけに100均（100円ショップ）のタイマーなのでボタンも押しづらく、画面も小さく見づらく、マグネットも弱いのでよく落下していました（そのたびに拾っていました）。

いちいち何度も小さなボタンをピコピコ押して、落として、時間を設定し直すことは〝お客様のためになる、やるべきこと〟でしょうか。そうではありません。タイマーを10個買えば済む話です。**ツールの買い直しで解決できることは、1秒でも早く解決しましょう。**

どうせやるなら「お客様に関係がない」から「お客様のためになる」に変える

効率化というのはやることを減らすだけではありません。やることの〝質〟や〝見せ方〟を変えることも大切です。

●決算を公開するだけで、またとないアピールになる

どうせやらないといけないことは、すべてお客様に結びつけて考えましょう。

例えば経理。未来食堂では月当たりの売上や原価をすべてインターネット上で公開しています。でも、公開非公開にかかわらず、経理は〝やらないといけないこと〟です。でもそれを公開すれば、お客様にもっと未来食堂のことを知っていただける、またとないチャンスになります。

●メニューをお客様に決めてもらう〝メニュー会議〟

毎日日替わりの未来食堂は、ずっとメニューが替わり続けます。前の週のメニュー

とかぶらない、季節の物で種類（和洋中）・調理法（揚煮焼）のバランスも見ながら翌週のメニューを組み立てないといけません。しかし私が一人でメニューを考えると、つい私ができる範《はん》疇《ちゅう》でメニューを組んでしまったり、いつも似たようなアイデアしか思いつかなかったりと、想像以上に大変な作業になります。

そこで未来食堂では、週末の空いた時間に来店されたお客様に「来週食べたいものありますか？」と聞きながら、その場にいる全員でメニューを決めていく〝メニュー会議〟を開催しています。

もちろん私一人でメニューを決めていても〝お客様のためになること〟をやってはいるわけですが、一人で考えるしんどさゆえについつい〝お客様のためにメニューを組み立てている〟というお客様目線の意識が薄くなり、「また来週のメニューを決めなくちゃ……。しんどいな」となってしまいます。しかし、そもそもお客様が召し上がるものなのだから、お客様に何を食べたいかを聞くのが一番効率が良いわけです。お客様も楽しんでくださり、また、〝お客様のために〟やっているのだと、自分も気持ちを新たにすることができます。

さて、簡単ではありましたが、新しいことを始めるに当たって必要な『考え方』をお伝えしました。この『考え方』をもって、どう行動していくのか、それは次章『アクション』で詳しく見ていくことにしましょう（ここで19時14分になったので本日はこれでおしまい。残りの時間は本でも読んでのんきに過ごします）。

この章のまとめ

1.「自分がやりたいこと」を深掘りする

人から褒められること、世間体が良いことを無意識に選んでいないか。

どんなに小さくても"絶対に実現したい絵"が描けるかで、目標の実現強度が変わってくる。

2. 今できなくても、頑張りで結果は変わる

できないなら、できるまで頑張ればいい。
大切なのは、自分が悔いないレベルまで自分を追い立てること。

3. 「当たり前」を解体する

『本当はこうしたくないけれど仕方ないな』と思い込んでいることはないか。
では、どうであればよいのか。
その違和感をとことん考えることで「当たり前」を解体できる。

4. 問題点と恐怖を混同しない

新しいことを始めるにあたって不安がたくさんあるのは当たり前。対処できること（問題点）・できないこと（恐怖）に分ける。対処できないことは諦める。

5. 黒字であることが最低ライン

黒字であることが、事業をやる上で必要条件。
〝儲からなくても続けばいい〟では続かない。

6. あるもので考える

ないものはない。「××がないから○○できない」と考えていても始まらない。

7. 必ずしも満点である必要はない

「満点でないからお出しできません」で、果たして誰がハッピーになれるのか。
満点でなくても、相手がそれで納得できればいい。

8. 時間を効率的に使う

時間を決めて、その時間にいかに集中するか。
イメージは〝ヨーイドン〟の短距離走。

9. 〝やらないといけないこと〟の質を変える

お客様が望んでいないのに、やらないといけないと思いこんでいることはないか。

使いづらいツールを使って苦労していても、それはただの自己満足。

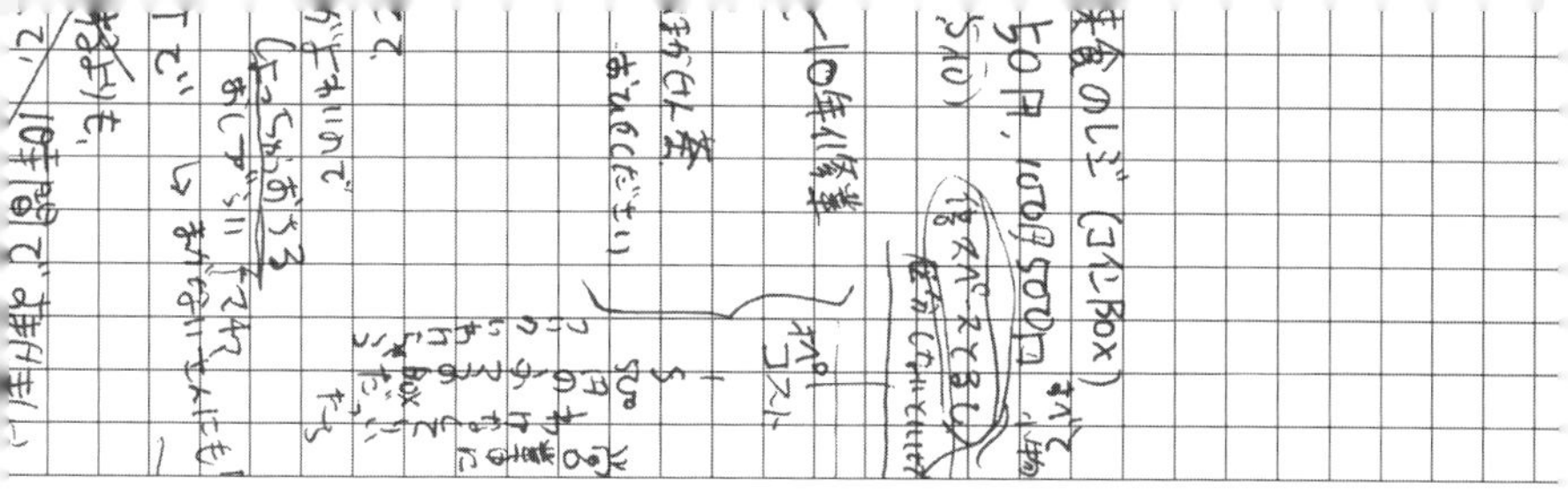

第 2 章

何かを始める時、やること

〜アクション〜

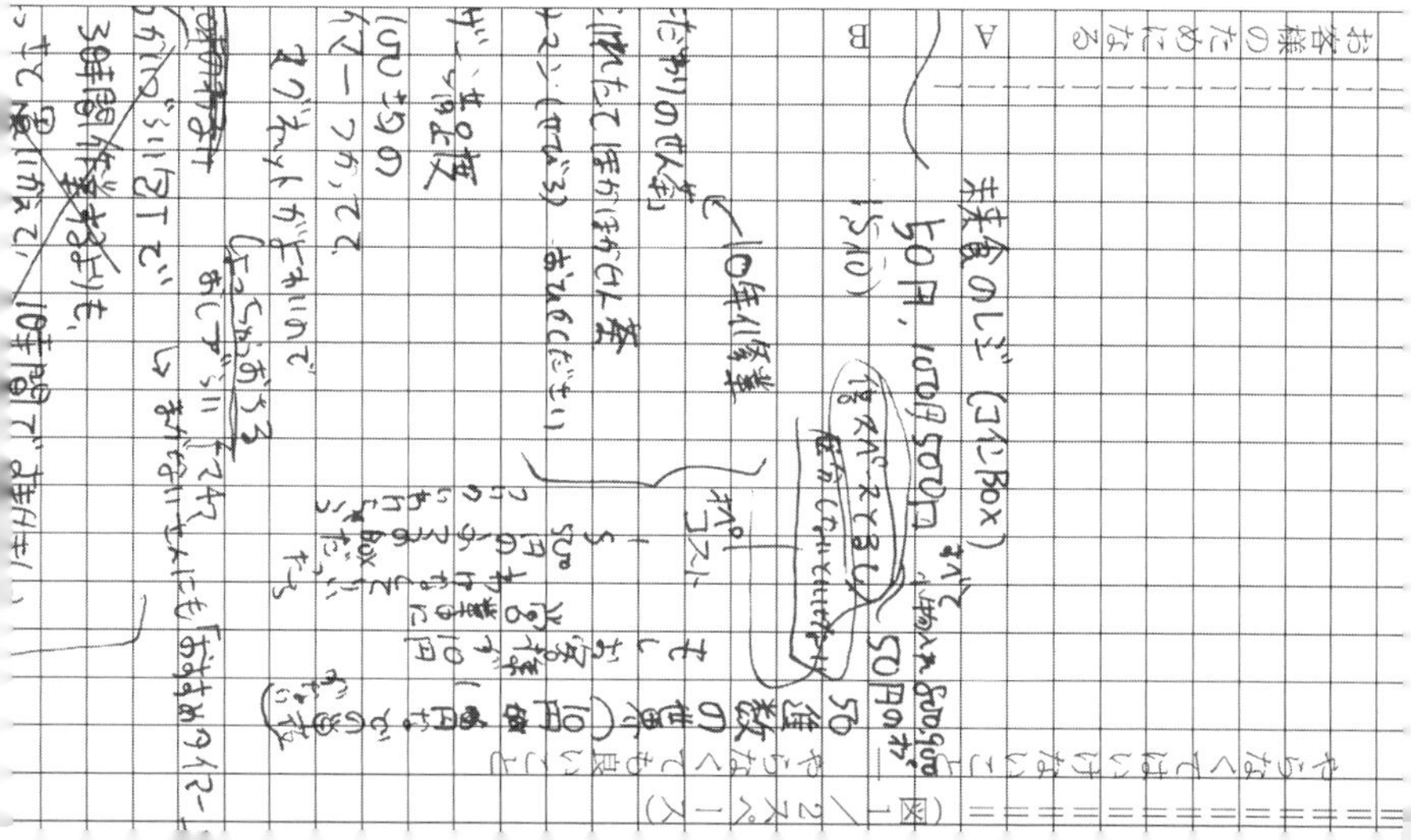

〃やらない〃を乗り越える

新しいことを〃やる〃ほうがいいのか、今のまま〃やらない〃ほうがいいのか――。

もしかしたらあなたは、そう悩んでいる最中でしょうか。

まず言っておきたいのは、私個人としては〃やる〃ほうがいいとは、まったく思っていないということです。

新しいことへの挑戦自体が人生の目的なのではありません。あなたの人生の一番の目的は、あなたが楽しく悔いなく日々を過ごせることなのです。

誰かに褒められるために、何かを始める必要はありません。

ただ、あなたが、誰かに褒められるためではなくて、日々をより良くするために、新しいことを始めるのだとしたら――。そうであれば、この本を少しでも、役に立ててほしいと思います。

〝やる〟と〝やらない〟の間には大きな溝があります。

私は元々会社員で、エンジニアでした。そんな私が飲食店を開業したことについて、〝異色の転身〟と言われたことは前に書きましたが、そんな私が「やる」ときに何を心がけ、実際に何をしているのか――。この章では、そんなことをお話しします。

思いがあるのなら共に、〝やらない〟の溝を、越えてみましょう。

この章で伝えたいこと

1. 学習――徹底的に既存を学ぶ

2. 公表――「やる」と「見せる」は常にセット
3. 絵を描く――明確に絵が描ければ完成したも同然
4. 即断する――判断の軸を決めて決定スピードを上げる

1. 学習――徹底的に既存を学ぶ

〝新しいこと〟を「既にあること」「本当に新しいこと」に分解する

新しいことを始めるにあたり、何から始めたらよいのか戸惑うことがありますよね。そういう時は、〝新しいこと〟を分解して見ることで〈既にあること〉と〈本当に新しいこと〉に分けることが大切です。

例えば未来食堂には、おかずのオーダーメイド『あつらえ』という仕組みがあります。『あつらえ』のように食材をお客様が選んだり、体調に合わせたオーダーメイド

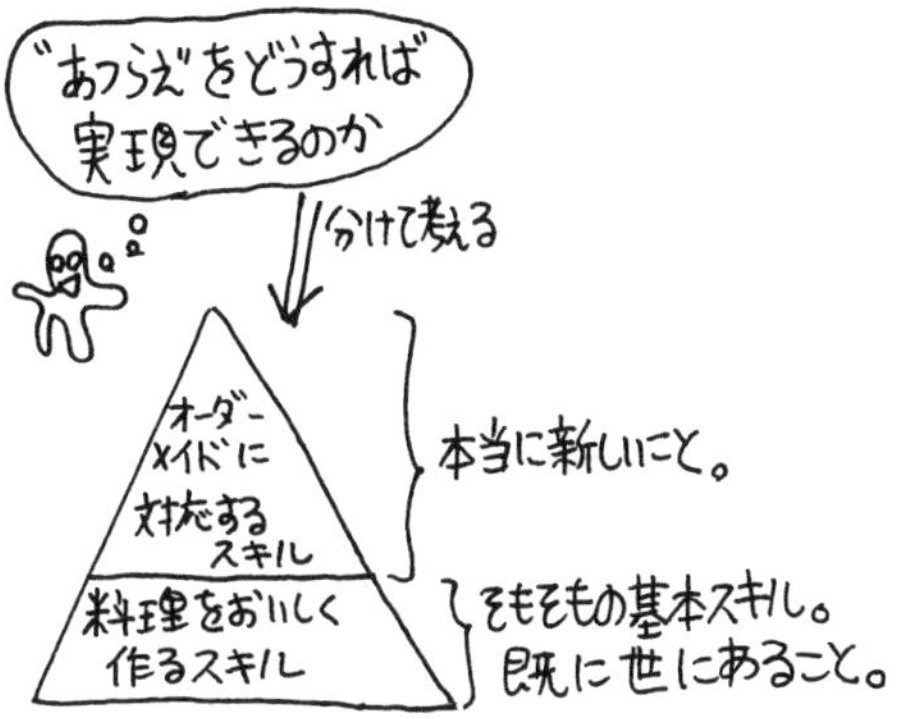

図３）"新しいこと"は「既に世にあること（基本）」と「本当に新しいこと」に分ける

のサービスは、確かにあまり例がありません。

しかし『あつらえ』を〝料理〟としてとらえるなら、それは目新しいことではありません。つまり、

〈既に世にあること〉

料理そのもの。また、おいしく作るための技法

〈新しいこと〉

お客様の希望に応じて料理を作ること

と要素を分けることができます。

〈既に世にあること〉は、存在している

ゆえに、先人の知恵やTipsがたくさん存在します。例えば、調味料を入れる順序（味のさしすせそ）などです。そういった基礎を学ばずに〈新しいこと〉だけをチャレンジしようとしても、うまく行かないでしょう。

「今までにないことを始めるにあたり心配はなかったのですか？」とよく聞かれますが、**基礎である〈既に世にあること〉を徹底的に学習することによって〈新しいこと〉が成功する確率が上がるだろうと確信していた**ので、いたずらに心配することはありませんでした。

他にも、一度来店した方なら誰でも50分のお手伝いで1食無料になる〝まかない〟にしても、それだけ聞くと「いったいどうやって運用すればいいんだ？」と思うかもしれませんが、

〈既に世にあること〉

パートやアルバイトなどの、職能状態を問わない雇用スタイル。つまり、マニュアルに沿って初心者をオペレーションし戦力とする雇用スタイル

〈新しいこと〉

誰でも短時間から参加できる雇用スタイル

に分解すれば、「では、〝まかない〟を実現させるために世の中のマニュアルを調べてみよう」と思いつくはずです。私はそういった観点から修業時代、チェーン飲食店のマニュアルを隅から隅まで読みました。

〈既に世にあること〉を学習しましょう。

図書館にあるレシピ本はすべて読破

『あつらえ』や飲食店を営むためには料理のスキルを徹底的に上げなければいけないと考えた私は、最寄りの2つの区立図書館においてある料理本をすべて読破しました（当時は文京区に住んでいました）。料理本はだいたいカラーで大判なので重いため、持ち帰り辛く、何時間も図書館で読み込んでいました。何冊読んだのか正確には分かりませんが、棚にして6つ分くらいでした。

そうやって何万種類も料理の写真を見ていると、『どんな盛りつけがあるべき姿か』

が分かるようになります。私の場合は元会社員で、前述したようにポップコーンで夕食をすませたりと食に興味があるタイプでもないので、料理スキルは高いものではありませんでした。ただ、**スタート時点が低くても、どれだけそこから詰め込むかで結果は変わってきます。**

未来食堂を訪れるまかないさんで「元会社員なのに料理の世界に飛び込んだってすごいですよね。昔から料理が得意だったんですか?」と聞く方がいますが、それは違います。きつい言い方になりますが、そう話す方は心のどこかで「せかいさんはきっと元々素質があったんだろうけれど、私にはないから無理」と、自分ができない理由を作り上げ、自分の質問に私が同意することを期待しているのでしょう。

いったいどこまでやりこんだうえで、〝私には無理〟と思うのでしょうか。足りなければ学びあるのみです。

例えば私は学生時代、大学受験に向けてセンター試験の勉強をしていましたが、英語の長文が少し苦手でした。ですので、センター試験ができた時からの何十年分の英語の過去問をすべて解きました(『共通一次』の過去問も、です)。

そこまでやることがすべての人に必要ではないでしょう。私自身は高い独創性もなく一を聞いて十を知るタイプでもありません。普通の人が持っている知識もなく、何か新しいことを始める時はたいていがマイナスからのスタートです。だから人よりも自分に課す量が多いのだと思います。

大切なのは、各々が「ここまでやればどんな結果になろうとも後悔しない」というレベルまで自分を鍛錬することです。

既存を徹底的に学ぶことで知識が増え、独創的な〈新しいこと〉が可能になります。『あつらえ』の場合であれば、ただリクエストに応えるだけではなくて、食材の切り方や味つけ、盛り方など、〝ひとワザある〟工夫ができるのです。

2. 公表――「やる」と「見せる」は常にセット

頑張っている姿に人は心惹《ひ》かれる

あなたが未来食堂に来てくれたとします。

・料理をまったくしたことのないまかないさんが何度もまかないをして修業をし、繰り返しの試作の末に作った一品
・未来食堂の店主であるベテランの私が作った一品

どちらがより感動すると思いますか？　大変悔しいですが、きっとまかないさんが作った一品でしょう。どんなにライバル（＝私）の技術が高くても、それを凌駕《りょうが》する感動を与えられるのが、ただ一つ、〝弱みを見せながらも向上する様〟なのです（念

のためお断りしておきますが、私とまかないさんは敵同士ではありません。あくまでたとえです）。

（この原稿を編集担当のKさんに渡したところ、「わたしは、せかいさんの頑張っている姿に感動しています。なんだろ、せかいさんは、プロですが、初めての料理も試行錯誤で研究して作っているんだろうなあと、思うことがあるのです。そういうのが、いいなあと思います」と、大変光栄な感想をいただいてしまいました。

〝ベテランの私〟とは書きましたが、〝ベテラン〟は無数の試行錯誤や果てない向上の結果にたどり着くものです。そういう意味で、〝一生懸命頑張る初心者〟と〝無数の試行錯誤を繰り返しているベテラン〟は本質的に同じ感動を見る人に与えるのかもしれません。ただ、ベテランは既に完成しており、得てしてそこまでの試行錯誤を相手に想像させづらいのです。担当のKさんは頻繁に未来食堂に来てくださっていることもあり、私が日々改良を重ねている様を見てくれているので、このような感想が出たのだと思います。今回のテーマ〝頑張っている姿に人は心惹かれる〟をまさに体現する感想ですね）

人は、頑張っている人を応援します。最初から完璧なキャラクター（そういう人が存在するかは疑問ですが）よりも、成長する意欲あるキャラクターのほうが身近に感じられませんか？　同じことを自分自身にも当てはめてみるのです。

『人を感動させていったい何の役に立つんだ？』と思われたかもしれません。個人的な言い方になりますが、誰も感動させられないサービスは、この世に求められていない独りよがりのサービスです。

『人の応援がいったい何の役に立つんだ？』と思ったかもしれません。しかし、応援してくれる人がいると、孤独に行動するよりもモチベーションが持続できますし、あなたのサービスのファンにもなってくれます。誰にも見せない日記は三日坊主で終わっても、人の目に触れるインターネットブログで、しかもリアクションがもらえるのだとしたら、頑張って続けられそうではありませんか？


未来食堂の例で言うと、私が開業ブログ『未来食堂日記』を書き始めたのは会社を辞めた次の日から。ブログの記事は必ず「こんにちは。このブログは『あなたの〝ふつう〟をあつらえる』未来食堂が開店するまでの日記です」から書き始め、末尾は「ご覧いただきありがとうございました。いつか、お会いしましょう」と結んでいました。

「開店するまでの日記です」と書いていながら、本当に開店できるかなんて自分にも分かりません。物件が見つけられなかったり、計画が頓挫《とんざ》してしまうなど、開店できない理由はいくらでも思いつきます。でもそうやって前に進んでいる姿を見せることが、将来のお客様に対してもっとも真摯《しんし》な対応であると考え、お店を開く1年半ほど前からブログを書き続けました。

そうやって奮闘している姿に興味を持ってくれたのか、徐々にブログのファンも増え、開店時点では一日1300PVを記録しました。カウンター12席の食堂にとっては、とんでもない数字です。これは「頑張る姿を公表することで人が応援してくれる」一例でしょう。ブログを読んだ小学館の方から出版の話もいただき、未来食堂としての最初の1冊にもなりました。

「完成したら公表しよう」では人の心は動かない

このように「頑張っていることを隠さず伝えるのは大事だよ」とまかないさんに話すと、結構な割合で「確かにそうですよね。自分ももう少し形になったら公表しようと思います」と返されます。

しかし、その姿勢が既に間違いなのです。

完成してからの過程をいくら公表しても、人は心を動かされません。既にスーパーマンになったヒーローがいくら奮闘しても、遅いのです。

いくら笑われてもよいのです。滑稽《こっけい》で弱い自分の奮闘ぶりを真摯に伝える。ただそれだけで、多くの人が自分を応援してくれるファンに変わるのです。

ある意味、やりたいことに対して現時点であなたの能力がほとんどないならば、それは非常にチャンスです。例えば、偏差値を60から70に上げるのと、30から60に上げるのを比べてみましょう。圧倒的に後者のほうが簡単ですよね。

弱ければ弱いほど、強くなる余力があるということ。〝今能力がない〟という状態は、実はとてもラッキーなことなのです!

「見せる」を体感させる仕掛け作り

未来食堂では「見せる」ことでファンを増やせることや、自分のモチベーションが爆発的に引き上がることを身を以て体感してもらえるよう、いくつか仕掛けを作っています。

●事業計画書をお客様に閲覧《えつらん》してもらう

例えば、「事業を考えているんです」と話す方にはまず事業計画書を持ってきてもらい、その場にいるお客様全員に閲覧してもらっています。事業計画書を持ち込んだほとんどの方が「人に見せるのは初めて」と戸惑ってはいますが、見ていただいた方から「頑張って」と応援してもらうことが、大変励みになっているようです（もちろん閲覧はその方が納得してから行ないますので、嫌がる方に計画公開を強要しているわけではありません）。

●目標や頑張りをお客様に伝える

飲食店開業を目指すまかないさんがメインシェフを務める時は、必ず「○○にXX屋を開く予定です」という目標や、その日の調理で工夫したことを紙に書いて、お客様に見えるようカウンターに貼っています。

〝その日の調理で工夫したこと〟を、皆はじめからすいすい言葉にはできません。「特に書くことはありませんよ～」と弱腰になる方がほとんどなのですが、聞いてみれば、その日のメインの彩りがハッキリするように赤パプリカを使ったり、季節によって薬味を使い分けていたりと何かしら試行錯誤しています。そんな等身大の頑張りを伝えるだけでも、お客様はファンになり、応援してくれるものです。

お弁当屋を開きたいからと月に1度メインシェフを務めていたまかないさんは、まかない最終日、いよいよお店を始めるメドがついた暁《あかつき》には、たくさんのお客様から声援をいただいたものでした。

「頑張ってます」ではなく結果を見せる

『奮闘ぶりを公表する』と言うと、よく見かけるのが「自分がやりたいのはXXXなんだ！　頑張るぞ！」といった文面のブログや日記です。

このたぐいの、頑張る意思を表示する〝だけ〟の文章は、残念ながら個人的には、誰の心も動かさないと思います。

なぜならば、頑張る頑張ると言っているだけで、具体的に何をしたかが分からないから。独りよがりの文章になっているのです。

『未来食堂日記』では、修業を始めたことや学んだこと、物件探しの結果や試行錯誤をベースに、淡々と日々を記録していました。

人は、その人の思いだけではなく、それによる結果が目に見えることで心を動かされます。うまく前に進んでいない時は、つい、思いだけを文章に記しがちです。でもそこはぐっと我慢して、きちんと結果をペアにして思いを伝えていきましょう。『未来食堂日記』も1年半で記事数は80くらい。決して雄弁ではありません。

公表する時は〝覚悟〟が必要

他にも未来食堂は、月次決算や事業計画書を公開しています。「そうやって公開する勇気はどこから湧いてくるんですか？」とよく聞かれるのですが、考え方の違いというか、自分にとっては自然なことなので「逆になぜ皆さんは隠すんですか？」と思ったりもします（そういう人が大多数だと知っているので、あえて口には出しませんが）。

しかし、自然だとは思っても、ある種の〝覚悟〟は求められます。

というのも、自分名義の成果物を、しかもまだ完成していない試行錯誤の状態で公表するのですから、叩かれたり無視される可能性に向き合わないといけないからです。**感謝や見返りを求めているとしっぺ返しをくらうでしょう。**

個人的には『100人中3人分かってくれたら上出来』という気持ちでやっています。揺るぎない覚悟（私の場合は未来食堂を作るんだという決意、こうやって過程を見せることで真摯な態度が伝わるはずという確信）さえあれば、いくら滑稽だと笑われてもめげることはないはずです。……とは言ってもきついと思います。目立つことに対すめる基礎体力がないと難しいことでしょう。

「基礎体力」とは「不特定多数に晒《さら》されることにどれくらい慣れているか」ということ。例えば私の場合「せかい」は本名（戸籍名）なのですが、初対面の人にはだいたい珍しがられますし、女性で工業大学の数学科に進むことも珍しければ、着物で通学していたのでその姿も話題となり、とにかく何かしら目立ってしまう存在でした。

本人としては〝ふつう〟に過ごしているつもりでも、「なぜ○○？」と聞かれることが、幼稚園児の頃から多々ありました（本人は覚えていないのですが、「毎日水をやりましょう」と言われていた朝顔の鉢に、雨の日も水をやりに行ってクラスの皆に笑われたりしたこともあるようです）。

そうやってなんだかんだと周りから言われていることに慣れている私なので〝覚悟〟を決められるのだと思います。ですので、この点に関しては免疫のない方に無理強いはしていません。世間の常識程度の範囲内で成果を公表すると良いと思います。

3. 絵を描く——明確に絵が描ければ完成したも同然

なぜ「話しても伝わらない」のか

まかないさんから「自分の故郷で触れ合いを大切にしたゲストハウスをやろうと思っているんです」など、その方の目標を聞く機会があります。私がそこにかぶせて「触れ合いですか、ふむふむ。そういうのは今までにもありそうだけれど何が違うんですか」といった質問をすると、とたんに返事に窮《きゅう》してしまい「確かに今までにもあるけれども、それとはちょっと違うんですよ。うまく説明できませんが」といった〝うまく説明できない〟状態になることをたびたび目にしました。

こういった場面に遭遇するたび、あるいは他にも「いろんな人に自分のやりたいことや取り組みを話しても、なかなか思うように伝わらないんです」と悩むまかないさんの相談を受けるたびに、聞いているこちらとしても「話して伝える」ことの難しさを痛感しました。

なぜ「話しても伝わらない」のでしょうか。私から見ると、2つ要因があるように感じます。

▼言語化できていないから
▼ワクワクするレベルまで絵を描けていないから

言語化できていないから

〝うまく説明できない〟のは、ずばり、言語化できていないからです。自分の頭の中に絵（イメージ）はあるもののそれをどう説明していいのか分からないと、曖昧《あいまい》な表現（得てして〝どこかで聞いたことのある言葉〟）になってしまいます。

聞いた人が既存のものとの違いを汲《く》み取ってくれないと、「どうしてこんなに良いものなのに人は分かってくれないのだろう」と落ち込むかもしれません。しかし人とはそんなものなのです。自分の言葉で話さないと、あなた独自の考えは伝わりません。

未来食堂も、計画当初は人に話してもなかなか理解してもらえませんでした。「そんな小料理屋の女将みたいなこと、会社員を辞めてまでやって意味あるの？」と難色を示されたこともあります。

考えを練り、話し方を工夫し、いつしか皆がワクワクするまでの絵を描けるようになりましたが、「言語化しても、考えていることの5％程度しか伝わらないな」と日々痛感します。

自分の頭の中にある絵を完璧に分かってくれる人などいません。「何で分かってくれないんだ」と相手を責めるのは、甘えです。ぜひ少しふんばって「何が他と違うのか」を、自分の言葉で説明できるところまで頑張ってみてください。きっと相手の反応が変わってきます（頭の中にあるぼんやりとした絵を深追いする方法は後述します）。

ワクワクするレベルまで絵を描けていないから

「何が他と違うのか」が説明できたとしても、聞いた相手の反応がいまいちだったりすることはありませんか？

「こんなに面白いアイデアなのに、なぜ反応が悪いんだろう……」。それはおそらく、〝その人にとって〟面白いアイデア・ビジネスモデルではなかったからです。人は、自分に関係があること・得のあることにしか反応しません。「ふーん」で終わらせないために、その人が参加しているような気持ちになるくらいのプレゼンが求められます。

例えば未来食堂のアイデアを伝える時、当初は「その人の希望に合わせたオーダーメイドができる定食屋なんです」と紹介していましたが、その時の反応はまさに「ふーん」でした。「オーダーメイドの定食屋なんて大変そう」「高級店にしないと無理なんじゃない？」と半信半疑のコメントばかり。

「聞いている人に響いてないな」と気づいた私は、説明の仕方を変えました。「人って誰でもちょっとした食べ物の好みってあるじゃないですか。私はついつい酢を入れるのが好きで、唐揚げにもお酢をかけたりしちゃうんですが、〇〇さんはどうですか？　そういうのってありますよね〜」と話を振ってみると、出てくるくること出てくること。ご飯の最後は必ずお茶をかけて食べたり、ごはんに味噌を付けて食べたり、加熱したトマトはＯＫでも生のトマトはＮＧだったり。

『人によって食の風景はさまざま』――。そのことを相手にイメージしてもらった後でおもむろに、「未来食堂はおかずのオーダーメイドができる定食屋なんですが、何でも出てくる魔法を使うわけではなくて、その人の好みや癖、その人にとっての〝ふつう〟をささやかながらもあつらえる、そんな定食屋なんですよ」と切り出すのです。

すると、面白いほど聞き手の反応が変わりました。たくさんの人がこの説明にワクワクしてくれ、お店ができるまでに十分と言えるほどファンを作ることができたのです。

説明を変えただけ。でもそれで、相手の反応がまったく変わってくるのです。

その人の目線に立ってプレゼンする

私が行なっていた2つのプレゼンの違いは何でしょうか。それは『その人の目線に立っているか』だと思います。

自分には関係なさそう――。そう思っている人を同じ輪に呼び込むようなイメージでプレゼンをしてみましょう。何度か人前で話すうちに、相手が興味あるポイントが見えてくるはずです。そこを意識して、伝える絵を描き替えていきましょう。

何かをやりたい方に必ず聞く、2つの質問

「いつかお店をやりたいんです」と話すまかないさんに、私が必ず聞く2つの質問があります。この2つの質問で、絵がどれくらい描けているかが分かるからです。

▼「いつからやるんですか?」
▼「屋号は何ですか?」

この2つ。しかし、『いつか』と思っている方でこの2つの質問にはっきりと答えたまかないさんは、まだいません（開店1カ月前などの開店直前のタイミングで来たまかないさんは、さすがに答えられますが）。

「来年には……。屋号はまだ決まっていないです」と答える方が多いですね。もちろん、「屋号を決めるのは物件が見つかってからにしよう」という考え方は、理解はできますが、個人的には賛同できません。

というのも、自分がやりたいことをイメージしていると、絵が色濃くなります。そこまで行けば自然と屋号を思いつくはずだからです。

なぜ、屋号を思いつかないのでしょうか。もっとイメージしてほしいのです。私の場合は聞かれるたびに「店名は未来食堂といいます。来年の秋に神保町に開店予定です」と答えていました。「そうやって形から入っていくタイプなんだ」と笑われたこともあります（悔しかったたし、絵を描くことの大切さを軽んじられたのはショックでしたが、まだ何も形にしていなかったので言い返すことは慎みました）。

物件が見つかり〝来年の秋〟（2015年9月）にオープンできたのは偶然ですが、一部の例外を除いて、そうやって答えるたびに応援してくれる人が増えていくのを体感しました。先ほどの「公表」とも関係しますが、色濃く描けている目標であるほど、人は応援したくなるのだと思います。

絵を色濃く描く方法

まかないに来ている皆さんを見ていると、絵を描くことを避けているというよりも、そもそも絵を意識していないように感じられます。ですのでいつも、軽く質問しながらイメージを一緒に膨らましています。

希望の場所は、駅からどれくらいあるのか、どんな人がいるのかといったオーソドックスなところから、入り口の扉のデザインや、食器は何色が多いか、などといった非常に細かいことまで——。そんなところまで決まってはいなくても、聞かれると嫌でもイメージせざるをえないので、どんどん絵が濃くなっていきます。「目を付けている物件は細長い間取りなんだ、テーブルが4つね。扉を開けて、まず何が見えるの?」と会話をしながら絵を描いていきます。個人的な意見ですが、鮮明に絵が描ければ、実現したも同然です。

〝ひらめく〟のは、ひらめくまで考えるから

人と話すことや空想することで絵を色濃くすることはできますが、そういった連続的なアプローチではなく、〝ひらめき〟のようなジャンプ力のあるアプローチはどうすればいいのでしょうか。

未来食堂は、食堂の仕組みを『まかない』『あつらえ』など、すべてひらがな4文字で揃《そろ》えています。こういったこだわりからか「せかいさんはどうやってこういうネーミングを思いつくのですか?」と聞かれることがよくあります。

偶然ひらめくのでも、考え続けて出るのでもありません。思考がジャンプするまで

情報を頭にインプットするのです。

未来食堂のコンセプトは『誰もが受け入れられ、誰もがふさわしい場所』。人と人とが向き合う、今までにない新しい形でありながらもどこか昔を感じさせるそのコンセプトゆえに、デザインは〝懐かしくて新しい〟をテーマにすることを決めていました。横文字ではなくひらがなで、今までにない〈新しい〉システムを〈懐かしく〉表現しようということは、考え続けて（絵を描き続けて）思いつきました。しかし、肝心のシステム名はいくら考えても限界があります。なぜなら私はすべての日本語の語彙を知っているわけではないからです。

知らないことは思いつきません。

例えば自分のやりたい、『おかずのオーダーメイドをちょっとした工夫で実現する仕組み』にどんなネーミングをすればいいのかパッとはひらめきません。

ネーミングやコンセプトメッセージは、あなたのやりたい世界観を伝える非常に重要なものです。私の場合はいつも、図書館の辞典コーナーに赴き、何十冊も辞典を引いて「これだ！」と思う単語を見つけています。

千代田区立千代田図書館の辞典コーナーの隅のほうで座り込んでいる人がいたら、

それは私である可能性が非常に高いです（辞書は重いので机まで何度も往復するのが大変なのです）。

２時間をひと目安に、見つかるまで何日も通います。気になる単語を見つけ、その単語で類語辞典を引き、周りの言葉でまた国語辞典を引き……を繰り返します。前述した『おかずのオーダーメイドをちょっとした工夫で実現する仕組み』に〝あつらえ〟と名前を付けた時は、自分が実現したい世界観がより一段階深まった気がしました。

私は決して天才型の人間ではありません。何万という単語を収集して「これだ！」と思う一つを見つけているだけです。ただその過程を知らないと、スマートに閃《ひらめ》いているように感じられるのかもしれませんね。

新しいことを思いつくためには、インプットが必要です。始める前だけではなく始めた後もいかにインプットを続けていくか。それについては3章にて後述します。

4. 即断する――判断の軸を決めて決定スピードを上げる

何か行動に移す時には、〝決める〟必要が出てきます。判断に時間をかけていては前に進めません。〝即断〟することは大切です。

「即断は、そりゃできるならしたいけれど、自分は優柔不断な性格なんだよな」と悩んでいる方も多いかもしれません。判断のスピードは人それぞれですが、私が即断するために心がけていることが2つあります。

▼判断軸を作る

▼優先順位を明確にする

判断軸を作る

「いつかXXXといったことを未来食堂でしたいんです」と話すまかないさんが時々います。例えば、自分が開くお店で振る舞いたいレシピのお披露目だったり、食材を持ち込む代わりに売上を地元に募金してほしいといったことです。それを聞いた私はたいてい「いいですねー。やりましょう。いつですか？」と即断するので、よくまかないさんに驚かれます。

しかし、お客様のためになり（＝いつもと違う新しい料理に出合う喜び）、お店として大きなリスクはないのであれば、即断しても何ら支障ありません。料理のフォローは求められますが、ほんとにやりたい皆さんは懸命に頑張って何度も何度も試作をしているので、応えるこちらも苦にはなりません。

この例のように、私が未来食堂を運営する上で即断できる理由は、

1. お客様のためになるか
2. お店として大きな損失がないか

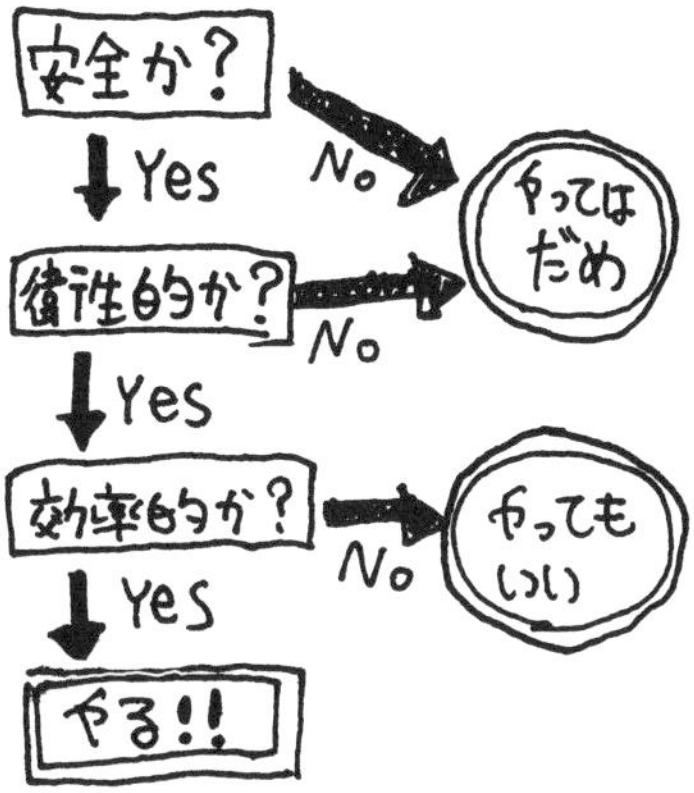

図4）優先順位をつけて判断する

という2つの判断軸を事前に用意しているためです。この2点さえ確認すれば〝即断〟できるためストレスがありません。

優先順位を明確にする

とは言っても、いざ物事が進み始めると、判断を求められる場が膨れ上がってきます。それに合わせて判断軸が増えてしまっては〝即断〟は難しいでしょう。

例えば飲食店開業の場合であれば、お店の内装工事が進むにつれて、「AとB、どちらにしましょう？」と大工さんから聞かれることが多々出てきます。何事も計画通りに順調に進むわけではありません。実際に工事を始めてから、ガス容量の不足や、測量値の間違いなどが判明したりするのです。「どうしますか?」と聞かれても、確証のある答えなど出せるはずもありません。

最初は迷いながらも答えていたのですが、専門外のことなので判断が大変でした。そこで思いついたのが、**優先順位を付ける**ということ。飲食店の内装工事というこのケースでは、優先順位を以下のように考えました。

1. 安全であること
2. 衛生的であること
3. 効率的であること

例えば、効率性だけを考えるのであれば、高さ190センチ以上のところに棚を取り付けることもできました。しかし、そんな高さに、例えばバットや鍋など金属の物を載せることは非常に危険です。自分はそんなつもりがなくても、いつか誰かが危ない物を載せ始めるかもしれません。というのも、実際に私が修業中のある定食屋では、高さ190センチを超える台の上に金属トレイを保管していたのです。頻繁に使うものなので取り出しやすい前方にあり、『危ないな……。落ちてきたらどうするんだろう』と思いながら脇を通っていたものでした。

お客様にとっても働く人にとっても、〝安全〟はすべてにおいて優先されます。そのうえで、未来食堂は飲食店なので〝衛生的〟であることが求められ、その2つが揃ったうえでの〝効率性〟の追求です。

こうやって書くと当たり前に思われるかもしれませんが、例えば私の場合だと、理系畑出身であることもあってか、ついつい思考が『もっと効率的にできないか』に向きがちです。お客様のためになる『効率化』であれば問題ないですが、それが何か危険な作業を伴うものであれば本末転倒です。

前述の大工さんとのやり取りも、「それは安全であるか」「衛生的か（掃除がしやすいか）」「効率的か」の順で質問を判断することで、より負担なく、納得のいく判断をすることができました。効率的なAよりも、より安全で衛生的なBを採用する、といった具合です（効率性の追求は業種にかかわらず参考になることがあると思うので、3章でより詳しく後述します）。

実はこのような考え方は、世界的に有名なテーマパークであるディズニーでも行なわれています。

①「Safety（安全）」
②「Courte（礼儀正しさ）」
③「Show（ショー）」
④「Efficiency（効率）」

とにかくこの順番を基準に行動しなさいと教えられるのです。

お客様に喜んでもらうために何が一番大切かと言えば、それは安全です。

ディズニーがいくら「夢と魔法の王国」でも、一つ事故が起きてしまえばすべてが崩れてしまう。だから、礼節よりもエンターテイメント性よりも効率よりも、何にもおいて重視すべきなのはお客様や設備の安全なのです。（上田比呂志著『ディズニーと三越で学んできた　日本人にしかできない「気づかい」の習慣』クロスメディア・パブリッシング）

今も必ず、何か新しいフローを組み込む時は、右記の3つ「安全・衛生・効率」を、この順で自問し、確認してから行動に移します。

いかがでしたか。

実際に新しいことを始めるに当たって私がいつもやっていることをまとめてみました。ただ、新しいことを〝始める〟ことも大事ですが、〝続けていく〟ことも大切です。次章ではそんな、〝始めた後に続けるためのヒント〟をお伝えします。

この章のまとめ

1. 学習——徹底的に既存を学ぶ

新規性が高く、どこから手をつければいいか分からない時は、「既存」と「真の新規性」に二分する。そして、とことん「既存」をやりこむ。

2. 公表——「やる」と「見せる」は常にセット

「いつか人に見せられるレベルになったら公表しよう。今公表しても笑われるだけだ」と臆するのは甘え。100%完成する日なんて、来ない。不完全でも、その愚直な情熱だけが、人の心を動かすカギになる。

3. 絵を描く——明確に絵が描ければ完成したも同然

目の前の人をどれくらいワクワクさせているか。それがそのまま、あなたのアイデアの成功確率を表わしている。

4. 即断する——判断の軸を決めて決定スピードを上げる

やる・やらないの判断に時間をかけても仕方がない。
マイルールを作ることで判断の時間を少しでも節約する。

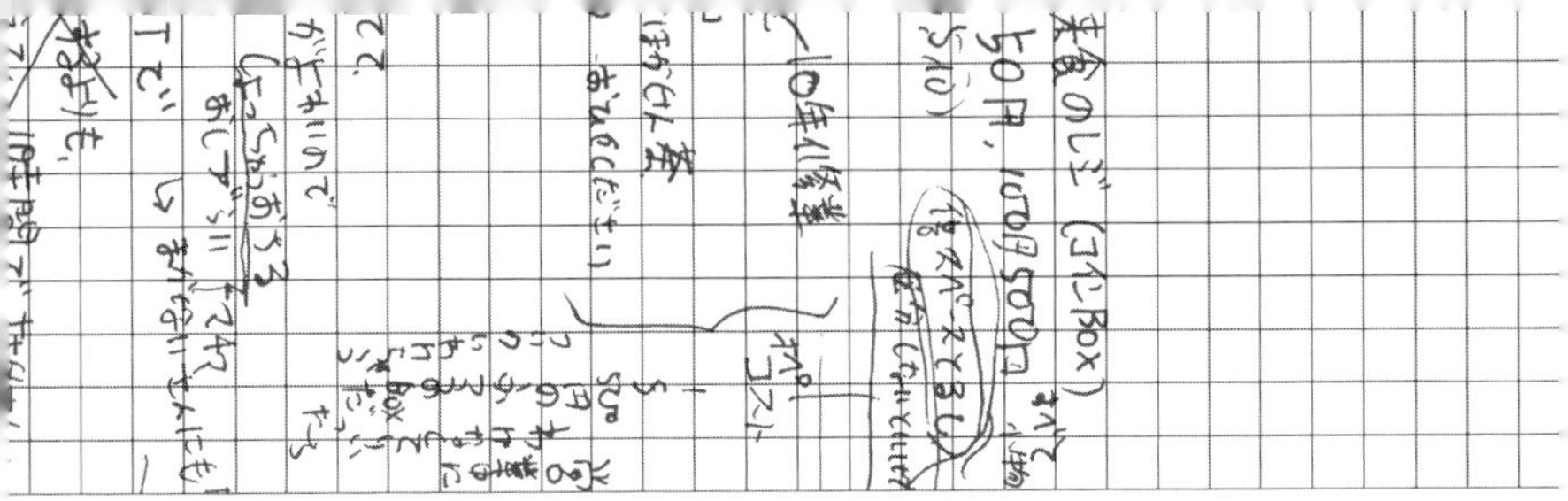

第3章

何かを始めた後、続けるために

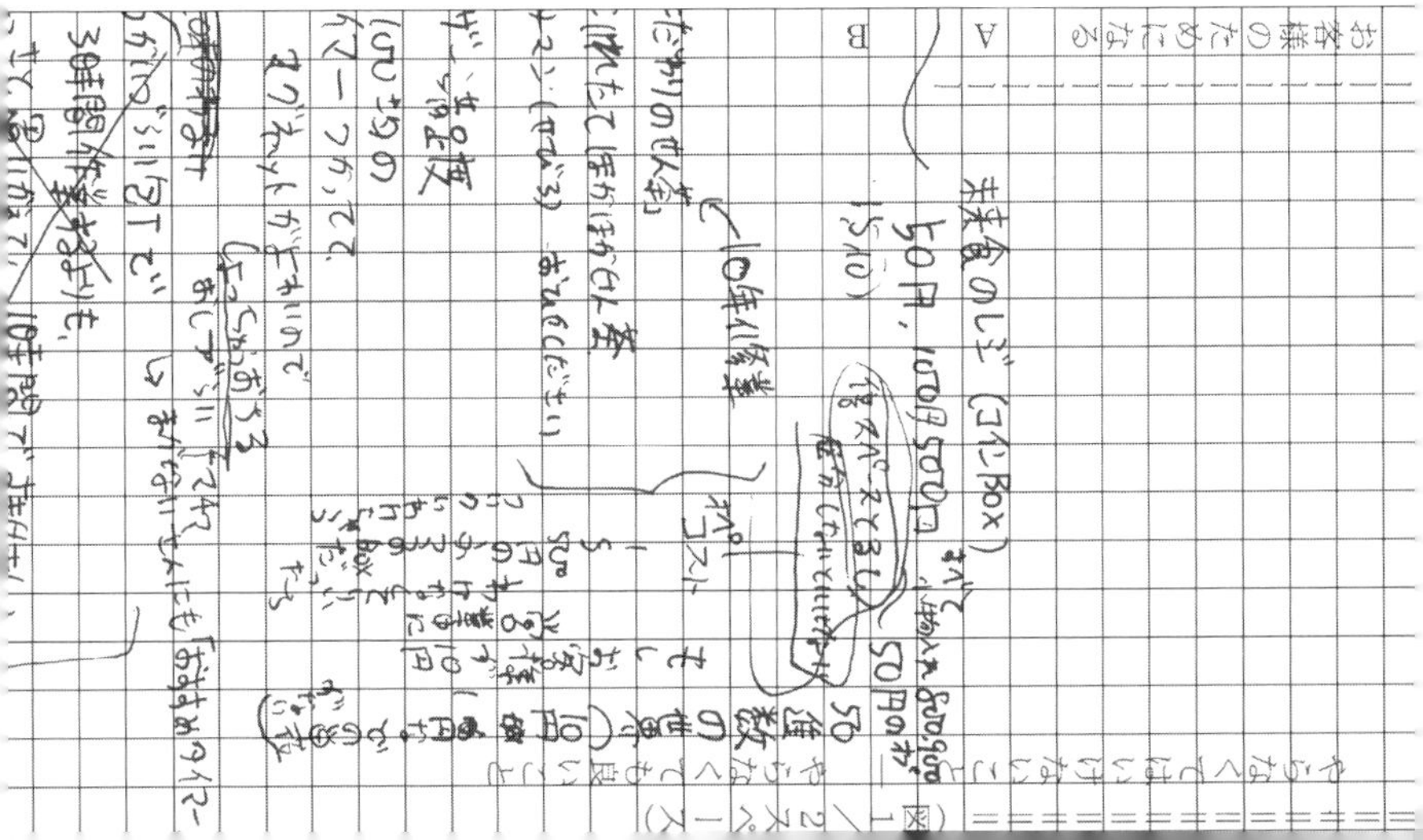

〃続けること〃は、難しい

向かを始めるというのはエネルギーがいることです。しかし、それと同じくらいエネルギーを要するのが〃続ける〃ということ。

というのも、いざ物事が回り始めると処理できないタスクが膨らみ、「続けたい」というモチベーション自体まですり減らしてしまうことが、よくあるのです。

私自身も実際に自分のお店を出してみると、想像以上に〃忙殺〃の日々でした。開店前に6つのさまざまな飲食店で朝から晩まで働いて、ある程度覚悟していたにもかかわらず、です。

未来食堂に向かう道沿いに、テイクアウト専門の珈琲屋があります。いつも、「飲んでみたいな」と思いつつ、ようやく注文できたのは開店してから

1年数カ月たった冬の日でした（つい最近です）。朝の仕込みは8時頃から始めるのですが、「ぐずぐずしていて11時にお店を開けられなくなるかも」と思うと（何しろやることが山積みなのです）、数分も立ち止まることができなかったのです。

「そこまで思い詰めなくても」と笑われたでしょうか。

でもそれくらい余裕のない日々が1年以上も続いたのでした。あなたもそうならないとは限りません。もちろん、何かに打ち込むこと自体は悪いことではありません。私も、余裕のなかった日々を後悔してはいません。ただ、余裕がなくなると〝続ける〟ことがしんどくなるのです。

せっかくいろんなことを乗り越えて始めたのですから、なるべく負担なく〝続けて〟ください。そのために、せわしない日々の中で私が身にしみて学んだことを、先回りしてお伝えします。

この章で伝えたいこと

1. PDCAを最速で回す
2. 〝当たり前〟よりも〝効率性〟を優先する
3. 無理をしても誰もハッピーにならない
4. 労力をかけず学び続ける
5. 利益を還す
6. 変わるもの、変えないもの

1. PDCAを最速で回す

「PDCAを回す」とは聞き慣れないかもしれませんが、「計画・実行・見直しを最速で行なう」と言えばイメージが湧くでしょうか。

〈PDCAとは〉
マネジメントサイクルの一つで、計画（Plan）・実行（Do）・評価（Check）・改善（Act）の4段階を繰り返すことによって、業務を継続的に改善する手法。

いくら事前に計画していても、実際にやってみると「もっとこうすれば良かった」と気づくことがあるはずです。そうなった時に、いかに早く改善するかがポイントとなります。

「改善が大切」とはよく言われることなので、聞き飽きている方もいらっしゃると思います。しかしここで言いたいのはそういった抽象的なお題目ではなく、いかに日々の業務にPDCAサイクルを組み込むかということです。「大事だよなあ」と〝思う〟だけでは人は行動に移せません。日々のルーティーンをこなしたあとで、「さあ改善しよう」と思っても、しんどいですよね。「PDCAを早く回すぞ！」と、『頑張ったら何とかなる』の精神論にするのも疲れるだけです。

「もっとこうしたほうが良いな」と気づいても、実行することは面倒くさいです（人は本質的に楽をしたがる動物ですので仕方ありません）。

〝思う〟だけでなく、行動に移すために私が工夫していることが2つあります。それは【ツール】と【仕組み】です。

▼【ツール】で負担なく改善し、
▼【仕組み】で改善せざるを得ない環境を作り出します。

〈ツール――負担なく変更しやすいものを使う〉

気づいた時にいかに負担なく行動に移せるかが、改善を繰り返していけるポイントになります。負担なく改善できる（＝変更できる）ツールを取り入れましょう。

マスキングテープ――何度でも楽に貼り直せる

例えば未来食堂では、マスキングテープを活用しています。マスキングテープは貼って剝《は》がせるテープなので、いくらでも貼り直しができます。貼った位置が高すぎたり、お客様から見えづらい場所だったりした時はすぐに貼り替えられます。

ＰＤＣＡサイクルの例に沿って考えてみると、

〈Plan〉

ここにチラシを貼ったらお客様の目に付きやすいだろう

〈Do〉

計画した場所に貼る

マスキングテープを使ってチラシを貼った
未来食堂のカウンター

〈Check〉

角に座ったお客様からは見えづらい位置のようだ

〈Act〉

チラシを増やして、角に座ったお客様から目につく場所にも貼ろう

こうやって書くと『大したことないじゃないか』と思われたかもしれません。しかし、ここでのポイントはマスキングテープを使っている点。貼って剥がせる弱粘性のテープを使うことによって、こまめに貼り直しができ

るのです。もし剝がすのが煩《わずら》わしい貼り方をしていれば、「気になるけれどまあいいや」とそのままの場所に貼ったままになってしまうでしょう。こういう小さなことが積もり積もって、差が出てきます。

独自開発のアプリケーションより、メジャーなアプリケーション

飲食業を少し離れて、エンジニア時代に一般的だった「ツールの選び方」についてお話ししてみましょう。

例えばあなたがサービスを立ち上げる際に、既存のアプリを活用する場面が出てくると思います。具体的には、エステサロンを立ち上げるとして、その予約にカレンダーアプリを使うような場面ですね。

こういった時は、エステ用に開発されているカレンダーアプリよりも、一般的なカレンダーアプリ（例えばグーグルやヤフーなど多くの人が使っているもの）を使うようにしましょう。

というのも、独自にカスタマイズされていればいるほど、ちょっとした修正を反映しづらく、結果として見栄えや使い勝手の悪い画面になりがちなのです。

例えばインターネットサイトを立ち上げる時も同じです。FacebookやTwitterなど

のSNSツールを使えば日々のお知らせを伝えるのは簡単です。しかし、独自でHPなどを開発しては、当初のサイトは誰かに作ってもらったとしても「ここをちょっと変えたい」時にいちいち人の手を借りる必要があり大変です。

こういったメンテナンスコストから、『いかに独自開発を減らすか』に注力してアプリを選ぶのは、IT業界ではある程度一般的な考え方です。

日々サービスを運用していく中で「もっとこうしたい」という気づきは自然と生まれてきます。それを邪魔しない、変更しやすいツールを使うことを心がけましょう。

〈仕組み――改善せざるを得ない環境を作る〉

先ほど「人は本質的に楽をしたがる動物です」と書きました。

本当はぐうたらしていたいのに「改善するぞ！　頑張るぞ！」と気合いだけで運用していては疲れてしまいます（私もそうです）。毎日の業務に加えて更に何か〝自主的に〟取り組むのは大変です。

ではどうするかというと、改善せざるを得ない【仕組み】を作るのです。

例えば未来食堂では『日替わり』と『まかない』がPDCAを回さざるを得ない仕

組みとして挙げることができます。

日替わり――〝毎日〟新しいレシピ

未来食堂のメニューは毎日日替わりで、同じ料理を作ることはめったにありません（リピートする時は2カ月くらい間をあけて作ります）。毎回違う物を作るので、「今回はハンバーグが硬めになってしまったから、次回の挽肉料理は、豆腐を多めに入れて柔らかめに仕上げよう」などと反省もできます。つまり、日替わりという形は、料理のPDCAを早く回すことができる仕組みなのです（もちろん、硬くなってしまったハンバーグは小さめに切って提供するなど、その場その場をできる限りのレベルで完成させないといけませんが）。

対して、通常の飲食店のように大半が固定化されたメニューの場合、一つでもメニューを変えようと思うと非常に大変です。メニュー表修正、仕入れ見直し、試作などやるべきことが大量に発生するからです。

まかない――〝毎日〟新人がやって来る

『50分手伝うと1食無料。一度来店した方ならだれでも可能』という当システムによって、老若男女問わずいろんな人が未来食堂を手伝うことができます。しかしそれにより、想像していなかったミスも生じます。例えば過去には、背の低い人が棚の食器を取れなかったり、同色の洗剤を取り違えてしまう事故が発生したこともあります。

そういったミスに対しても、「食器がぱっと見て分かるよう、配置を変えよう」「家具用洗剤と食器用洗剤は、別の色の洗剤を使おう」など、解決策を練ることができます。

いろんな人が参加することによるＰＤＣＡサイクルは、どの業態でも存在すると思いますが、〝まかない〟は、一日最大7人の〝初心者〟が入れ替わり立ち替わり参加する仕組みのため、**経験値（ＰＤＣＡサイクルでいうところのDo）が溜まるスピードがとてつもなく速いのです。**ＰＤＣＡサイクルが速ければ速いほど、どんどん改善していくことは想像に難くないと思います。

毎日メニューが替わるとなると改善せざるを得ないし、毎日〝新入り〟がやってくる環境では環境やガイドを分かりやすく改善していかないと大変です。そうやって

【仕組み】で、改善せざるを得ない状況を作り出しているのです。

2. 〝当たり前〟よりも〝効率性〟を優先する

「こうしないといけない」に縛られていると、無理をしてしまい長く続けることは難しくなってしまいます。〝当たり前〟よりも〝効率性〟を優先した、未来食堂の例をいくつか挙げてみましょう。

漆《うるし》のご飯椀――便利だけれど誰も使わない木製食器

未来食堂で使っているご飯椀は漆塗りの木製。通常の飲食店で〝木製のご飯椀〟はあまり見ることがありません。しかし、木製だと割れませんし、中に入れたご飯も冷たくなりづらいです。いくら割れないからといってもプラスチック製にして品質を下げることはできませんが、歴史の中でご飯椀が瀬戸物になったのはごく最近のこと。品の良い漆塗りはお客様からの評判も良く、割れることがないので安全に扱えます。

このように木製のご飯椀を使っているのは、修業中の定食屋でたびたびご飯碗が割れるのを見ていたためです。瀬戸物のご飯碗は大きく丸みがあるので衝撃に弱いのですね。最初は未来食堂も瀬戸物を使っていたのですが、やはり修業先のようにご飯碗は目立ってよく割れていました。「ならいっそ割れないご飯椀にすればよい」と使っていたご飯碗をすべて買い換えました。**少しの金額で効率が手に入るのであれば出費を惜しんでも仕方ありません。**

まかない——ある時はお客様、ある時は従業員

「お客様はお客様でありサービスを享受する存在」と当たり前に捉《とら》えていたなら、〝まかない〟のように**『ある時はお客様、ある時は従業員』**というような立ち位置を思いつくことはできないでしょう。しかし、1食分の料金（飲食店で一般的な原価3割だとすると300円弱）で50分間お手伝いをしてくれるというのは、非常に効率的なあり方です。

3. 無理をしても誰もハッピーにならない

1章の「考え方」ともかぶってしまいますが、無理をしても誰もハッピーになりません。

実際に物事がスタートすると、右記の改善も含め、やることが無尽蔵に膨れ上がってきます。例えば未来食堂の場合は、飲食店ですので毎日の掃除は覚悟していましたが、やはり始まってみると閉店の掃除に1時間も2時間もかかってしまい、毎日ヘトヘトになりながら帰っていました。

ですが、今どうしているかというと、閉店1時間前から緩やかに片づけ出すことによって、閉店の掃除が30分程度で終わり、とても楽な状態で帰ることができています。

シンドいと、「こんなにシンドいことをやっている自分は、お客様の役に立っているはずだ」とつい思いこんでしまいますが、決してそんなことはありません。本当にお客様にとって必要なシンドさ以外はすべて価値が低いことなのです。〝楽をする〟という言葉はマイナスイメージがありますが、

・楽をして50人に食事を提供する
・シンドい思いをして10人に食事を提供する

のであれば、前者のほうがより多くのお客様をハッピーにしているのです。

当たり前に聞こえたかもしれません。しかし実際は、お客様を目の前にするとついつい無理をしがちです。「普段は定食に小鉢を3種付けているのだから、小鉢を切らしてはいけないし、万一小鉢が1種類でもなくなったら一から小鉢を作らなければいけない」と思ってしまいます。でも別にお客様さえ問題なければ、例えば小鉢は1種類だけでもいいし、その代わり量を多めにするとか、主菜の量を増やすといった対応で切り抜けてもいいのです。

そうやってメインの量を増やしたり、冷蔵庫に残っている一品を代わりにお出ししている私の切り抜け方に衝撃を受けるまかないさんもいます。でも、それで誰も困っていない場面を実際に目にして、「これでいいんだと思いました」と言われることもよくあります。私がまかないさんに伝えたいのは、そういう〝姿勢〟なのかもしれません。

4. 労力をかけず学び続ける

何か物事を始めると、想像していなかった雑務があったりと大幅に時間を喰われてしまうことが多々あります。私自身も、未来食堂という定食屋を始めてみると、休みの日も仕込みやブログの更新、食材発注など休まる時がほとんどありませんでした。

この時の経験から開店当初は週1だった休みを週2に増やしたりもしましたが、時間が有限なのは変わりませんから、労力をかけずに質の高い情報を手に入れ学ぶことが根本的に必要になります。

「ずっと今のままで良い」のであれば何かを学ぶ必要はありませんが、例えば未来食堂の場合は毎日日替わりのメニューですから、常に料理のレシピ・技法を吸収しないと、お客様に飽きられてしまいます。

そこでお伝えしたいのは『5倍ルール』。私が情報（特に、レシピやサービスのＴｉｐｓなど、文字情報でない〝経験値〟）を得る時の行動規範です。

『5倍ルール』――質の高い情報を簡単に入手する方法

『5倍ルール』とは『自分が提供したい内容の5倍の価格のものに慣れ親しむ』ことです。私の場合、未来食堂のランチは800円（初回のみ900円）ですので、ランチ価格が4000円程度のお店に通い、レシピやサービスを学びます。

800円ランチを出すシェフが他店の800円ランチしか食べないのは、私に言わせると正しくありません。真似は必ず劣化するからです。800円のサービスを真似ても800円以上の価値は生めません。4000円を真似た800円だから価値があるのです。

この『5倍ルール』は人にもよく話し、そのたびに「仕事で良いものを食べられるとはラッキーですね」と言われるのですが、私の場合はラッキーと感じたことは一度もありません（そもそも自腹ですし……）。

もともと私は粗食で、ずっと同じものを食べ続けていてもまったく苦にならない、食に興味のない性格です。研究のため食事は100%外食ですが、自炊が許されるのであれば、塩とお酢で和えただけの好物〝酢パゲッティー〟を頻繁に作っていただろうし、学生時は1年間、ざるそばとシリアルだけ食べて過ごしていました。

そんな私が、食べたいものではなく研究のためにお店を選び、〝食べて学ぶべき調理技術か〟を基準にメニューを選ぶのですから、ラッキーなんてものではありません（空腹時に食べては料理の判断が甘くなるので、何か食べて食欲をなくしてから食事をします）。最初の頃は何を食べても「おまえにこの味が作れるのか」と料理から問いつめられているような気がして、心労のあまり何も味が分からない状態になりました。

でもそうやって5倍ルールを自分に課しているうちに、だんだんと「高い料理とサービスを受けている自分」が当たり前になってきます。すると、**自分自身の〝ふつう〟の基準が上がるので、〝普通の定食〟を作っていても、少し凝《こ》ったものや質の高いサービス、ハード（食器や家具など）を提供できるようになります。**


例えば洋服店を始めるのであれば、自分の提供価格帯の5倍のものを扱っているお店の常連になるのです。

数値化は必ずしも価格とは限らないでしょう。例えばある編集者の方が先日「売れている本は必ず目を通します」とお話ししていました。「〝売れてる〟とは具体的にどういう基準ですか？」と質問してみると、「発行5万部以上か、週間ベストセラーランキングTOP5の本は必ず目を通すようにしています」とのこと。

良い物を作り出すためにはインプットが大切だとは言われますが、ただ量だけをこなすのではなく、ある程度基準を数値化し、そこを超える物をインプットする、『○倍ルール』を作ることで効率よく質の高いサービスに学ぶことができます。

知識をキャッチアップする質問の仕方

人と話している時に、相手が求める前提知識を自分がまったく持ち合わせておらず、困った経験はありませんか。

また、自分が新しい分野の知識を得たいと思った時、手軽に人から聞いて学ぶためには、どのような〝質問〟を投げかければいいのでしょうか。

何か物事を始めた場合に限りませんが、「この人なら何か知っているに違いない」と人から思われると、突然思いもよらない質問をされることがあります。

例えば私の場合は過去、お客様から突然「人工知能についてどう思いますか」と聞かれたり、まかないさんから「専業主婦がいきなりお店を始めたりするのは無謀だと思いますか」と聞かれたことがあります。

私は人工知能についての知識はありませんし、「無謀ですか」と聞かれてもそれだけの情報では何も分かりません。

こういう時は、「分からないですねえ」と正直に答え、イメージや一般的回答で答えることはしないように心がけています。というのも、世間を見ていると、分からないままだったり、前提条件が曖昧《あいまい》なままに質問に受け答えをしている例があまりに多く感じられるからです。

「XXをどう思いますか?」「良いと思います」程度の浅い回答では、せっかくその人に質問した意味がないですよね（逆に言うと、あなたが何か質問したとして、「良いと思います」程度の回答が返ってきたとするなら、相手があまり理解や興味を示していないと気づくべきでしょう）。

例えば先ほどの人工知能の話であれば、「人工知能というのは最近家電ショップで買えるようになったんですか?」と聞いていきます。そうすると、相手の返答によって「どうやらまだ一般には手に入らない高価な研究対象らしい」ということが分かってきます。

そういったことを一つ一つ重ねて知識をキャッチアップする過程で、相手がほしい回答のベクトルが分かり始めます。

例えば、あるまかないさんに「起業にあたり、夫の協力が得られない場合はどうすればいいですか？」と聞かれたことがありました。最初はイメージで「パートナーの理解を得られない起業理由であればその起業自体に欠陥があるのではないか」と答えましたが、あまりに質問が漠然としているので聞き重ねてみると、「〝協力が得られない〟とは〝家事の協力が得られない〟という意味」だということが判明しました。それであればこちらの答えもまったく違う物になります。この時は「今の家事量が10として、それを相手にも負担してほしいと8と2に分けることを期待しているのかもしれないが、そもそも家事量を8に減らせば相手の負担なく自分の家事量を8にできるので、まずはそういうふうに見直してみれば」と答えました。

求めている答えのベクトルが違うものだったとして、そこから聞き直す人はほとんどいません（先ほどの例も、私が何度も聞き重ねて摑んだものです）。質問する側であってもされる側であっても、**質問を積み重ねることで精度を上げ知識をキャッチアップ**

する、ということをほとんどの方はやっていません。

よく私のやり取りを見た方から「せかいさんは質問の力がありますね」とコメントいただくことがありますが、これは、知識のキャッチアップとイメージの共有を心がけているからだと思います。

質問をするというのは、自分の無知をさらけ出しているようで恥ずかしく思うかもしれません。しかし、知識がないことを恥じても仕方ありません。私の場合は、〝ヨーイドン！〟と号令をかけられたイメージで、会話が始まった時点から意識を集中させ、知識をキャッチアップさせることに努めています。

人から質問された時ばかりでなく、自分が知らない情報を人に教えてもらう時も、このようなキャッチアップの姿勢は役に立ちます。

5. 利益を還《かえ》す

『儲けたお金＝自分のお金』ではありません。お客様からいただいたお金は「頑張れよ」という、いわば応援票のようなもの。独り占めしていてはその気持ちに応えることができません。小さな例ですが、私自身がお客様にどう還しているかを少しお伝えします。

自分に投資する

『5倍ルール』をはじめとして、利益の一部を使い新しい知見を得てお客様に還す。その姿勢を持ち続けていないと、あっという間に新鮮味がなくなり、お客様から飽きられてしまうでしょう。始めてみると痛感するように、日常業務をこなすだけで精一杯になってしまい、常に同じサービスを提供することしかできなくなるからです。

仕事の質に関することにケチケチしてはいけません。身銭を切って、勝ち目のない価格帯のものになじむことで、同じ価格帯のライバルに差を付けることができます。

私のやっているビジネスが飲食業というB to Cであったり、私自身が女性であったりすることからか、私の成長を共に喜んでくださるような〝アイドルのファン〟的なお客様も多くいらっしゃいます（例えばこうやって3冊目の本を書いていることを応援して差し入れをいただいたり）。前にも触れたように『自分が頑張っていることを公表し隠さない』ということも要因でしょう。応援している対象が成長する様は、きっと誰にとっても喜ばしく映ります。あなたが自分に投資することで、お客様を喜ばすことができるのです。

寄付をする

未来食堂では毎月最終火曜日を『寄付定食』とし、この日の売上の半分を募金しています。

募金先はさまざま。まかないさんが「自分の地元に寄付したいです。食材も全部集めますし、自分が営業を回しますから今回の『寄付定食』は地元のNPO農業団体の活動資金に充ててください」と申告することもあります。申告がない場合はJPF（特定非営利活動法人ジャパン・プラットフォーム）という国際人道支援組織に寄付しています。寄付先として信用ができ、思想の色が付いていないことが理由です。

〝社会に寄付をする〟というあり方は、直接お客様に利益を還元しているわけではありませんが、

・お客様にとって気持ちのいい使い方（自分のお金が社会の役に立っているのですから悪い気はしないはず）

・お店とお客様の閉じた関係ではなく、社会と繋がっている風通しの良さから、寄付という手段を選んでいます。

ただ、忘れてほしくないのは「ビジネスは慈善事業ではなくあくまでビジネスであり、利益を生むことが最優先課題である」ということ。「良いことだから寄付をしよう」で赤字になっていては本末転倒です。

寄付が目的なのではありません。多くのお客様に価値を認められ、手元にお金（応援票）が溜まった結果として、その一部を寄付という形で〝お返し〟しているのです。

毎月の寄付定食では、お客様に飴やチョコなどの小さなお菓子をサービスとして差し上げ、それと併せて「今日の売上の半分は寄付させていただきます。前月はXX円でした。こうやって募金できるのも来てくださっているお客様あってのことです。いつもありがとうございます」と書いた手紙を添えることで、（寄付の大義名分ではなく）お客様への感謝を第一にした姿勢を、常に表明し続けています。

〝お客様あってこそ〟の気持ちをどう自分なりに表現するか、考えれば考えるほど

お客様にとって気持ちのいいサービスとなることでしょう。

6. 変わるもの、変えないもの

〝続ける〟は、〝変わらない〟とイコールでしょうか？

きっとそうではありません。続けていくうちに理念が変わったり、方向転換をすることもあると思います。では何を変え、何を変えずにいるべきなのでしょうか。

また、資本主義的な『常に成長し続ける』スタイルに、悩んでいる方もいるかもしれません。

〝変わらない〟のは理念。〝変わる〟のは形態

未来食堂は現在、カウンター12席だけの小さな定食屋という形態です。しかしこの形態がベストで、ずっと変わらないかというと、きっとそんなことはないと私は考えています。

未来食堂の理念は『誰もが受け入れられ、誰もがふさわしい場所』。この理念を具現化する〝おかずのオーダーメイド〟（あつらえ）を実現するため、飲食店や定食屋

という形をとる必要があったのです。

私は豊富なビジネスセンスがあるわけではありませんから、こういった形に落ち着きましたが、私よりも優秀な人が未来食堂の理念に賛同してくれることによって、より良い形に成長を遂げていくかもしれません。

未来食堂を始めた第一走者である私のミッションは、この理念のバトンを受け継いでくれる第二走者を探すこと、そこまで伝播《でんぱ》させることなのです（こうやって本業の合間を縫って本を書き、あなたの応援をする意味もそこにあります）。

見える形が変わったとしても、その中にある心はきっと変わりません。周りからどう言われようと、そうやって新しい段階に行くべきだと――さらなる〝何か〟を始めるべきだと――判断すれば、今の場所から一歩踏み出すことが求められることでしょう。

『常に成長し続けるべき』の呪縛からどう自由になるか

経済成長率という単語を持ち出すまでもなく、社会とは『常なる成長』を求めるシステムです。しかし、何かを始めた後、常なる成長は必ずしも必要でしょうか。

未来食堂は月商110万円くらいの小さな飲食店ですから気楽な意見かもしれませ

んが、私自身が考えていることをお伝えします。

欲を出すとキリがない

未来食堂は私一人で回している小さなお店です。従業員を雇うことで定休日をなくし営業時間を長くすれば、売上は増えます。しかしそうやって売上を増やし続けることにどんな意味があるのでしょうか。

例えばこの原稿を書いている今現在、私は妊娠8カ月目で、どこかで産休を取らないといけません（この本をあなたが手に取っている頃かもしれません）。その間に人を雇って店を運営し続けることはできます。でもそれは本当に求められていることでしょうか。

確かに未来食堂は、忙しい平日のランチタイムに30秒でバランスの取れた定食をお出ししていますから、お客様に高い価値を提供しています（毎日来られる方が全体の1割を占めることもその証左でしょう）。

お客様に価値を提供しているのだから、店を開け続けることは〝正しい〟かもしれません。ただ、そうやって上に上に向かっていくとどこかで無理が出ます。

小さなお店で、利益も十分に出ています（決算は毎月ネットで公開しています）。ですから、休む時は休み、できる範囲をきちんと行なうだけで十分ではないかと感じるのです。晴耕雨読な成長の仕方も〝正しい〟のではないでしょうか。

新しいアイデアを生み出すのはトップのあなたしかいない

今いるベクトル上で利益を生み続けることも大事ですが、今の立ち位置からガラッと舵《かじ》を切れるのは、トップのあなたしかいません。

先程の〝変わるもの〟〝変わらないもの〟の話にも関係しますが、変わらない形態で利益高の上昇だけを追うのではなくて、新しいより良い形を探し続けることも大切です。

ずっと同じ仕事ばかりしていては新しいアイデアを練る余裕が生まれません。

未来食堂は飲食業態のベクトル上に成功（『誰もが受け入れられ、誰もがふさわしい場所』という理念の伝播）があるとは考えていないので、欲を出さずにできるだけ休み、こうやって本を書くなど新しいことにチャレンジしたり、新しい形を探すことが今の私には求められていると考えています。

私だけでなく、これを読んでいるあなたも、サービスを届けているファンの方々から「次に見せてくれることはなんだろう」と、期待されているに違いありません。

この章のまとめ

1. PDCAを最速で回す

〝いつかやろう〟ではなくて、〝今〟改善する。そのために必要なのは、「頑張って改善するぞ!!」という精神論ではなく〝仕組み〟と〝ツール〟。

2. 〝当たり前〟よりも〝効率性〟を優先する

「お茶碗は割れるもの」と考えるのではなく、割れないお茶碗を使えばいい。

3. 無理をしても誰もハッピーにならない

「いつもこのレベルで提供しているから」と、しんどい時に無理をしても続かない。ご飯がなくなったら、パンを出せばいい。

4. 労力をかけず学び続ける

何かを始めだしたら急激に忙しくなる。効率よく学べるのならば、多少の出費は惜しまない。

5. 利益を還す

もらったお金を独り占めしない。還せば還すほど、大きくなって戻ってくる。

6. 変わるもの、変えないもの

続けていくうちに形が変わっていくこともある。大切なのは、見た目ではなく、理念。

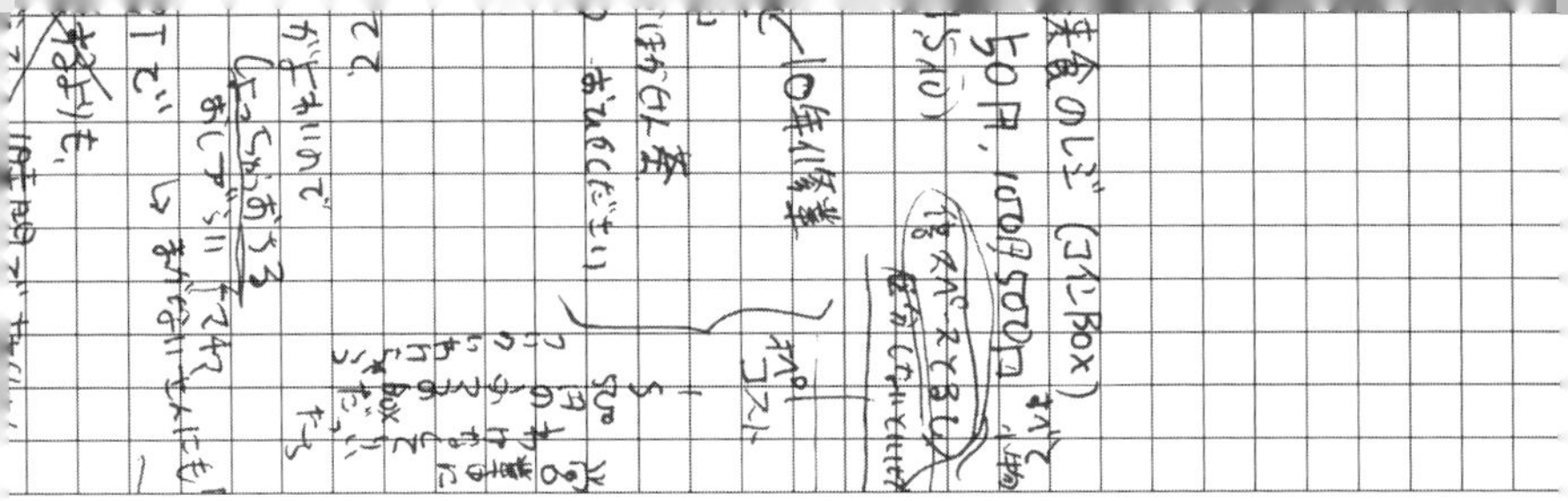

第4章

始めたことを、伝えるために

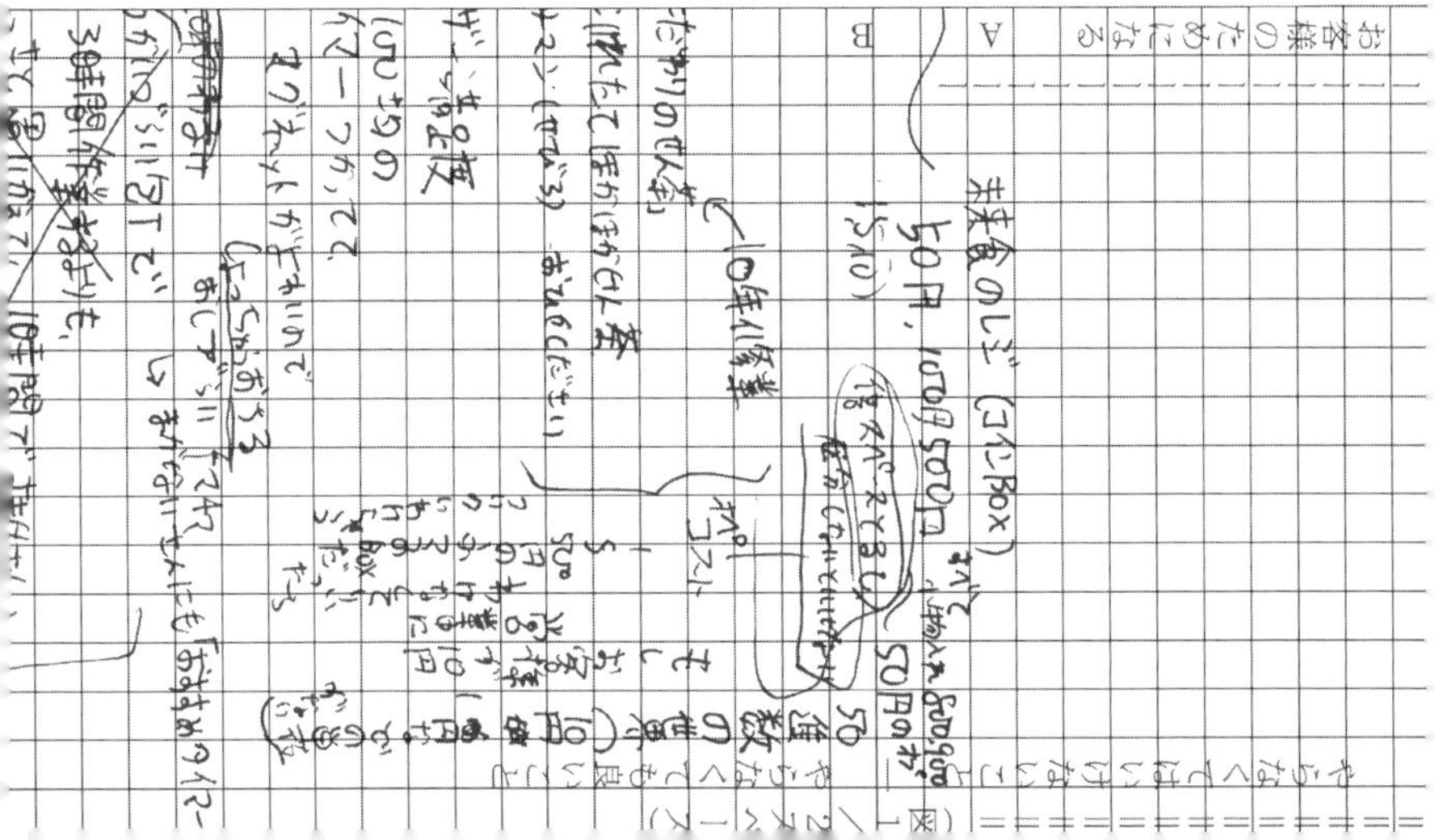

〝伝え方〟を伝えます

何か新しいことを始めたあなたは、「たくさんの人にこの取り組みを知ってほしい」と思われるかもしれません。しかし例えばブログを始めても、期待したほどの反響がなかったり、思うようにならないことも、あるでしょう。

人に伝えるため、届けるために、どんなことに気をつければいいのでしょうか。

「未来食堂は大勢の人に伝えることができている!!」とは決して申しませんが、客席12席の小さな定食屋にとっては十分すぎるほど、大勢の方が未来食堂のことを知ってくれています（こうやって書く本も3冊目になります）。

この章では、そんな未来食堂の〝伝え方〟を通して、私が学んだことをお伝えします。

なお、情報発信は大きく〝自分発信〟と〝他者発信〟の2つに分けられます。

ここでは、『自分発信』、自分から取り組みを伝えるために、私が気をつけていることをお話しします。『他者発信』（テレビ・新聞・インターネットなどのメディア）に対して気をつけることは、7章の『注目された時に気をつけること』に後述します。

未来食堂はどのくらい〝伝わって〟いるのか

「飲食店のように立地ありきのサービスであれば、近隣の人だけに目を向ければいいのでは」と思うかもしれませんが、私はそう思いません。

地理上の制約などで実際に来店できない方であっても、情報をお伝えすることで「こんな食堂があるんだ。いつか未来食堂に行ってみたい」と思ってもらうことができます。そうやって母集団を増やすことは、長期的な目で見ると集客や理念の伝播《でんぱ》に繋がると考えるからです。

さて、では未来食堂はどのくらい〝伝わって〟いるのでしょうか（この章では『自分発信』を題材にしているので、テレビやインターネットなどで未来食堂が取り上げられたゆえに伝わったケースは除きます）。

例えばインターネット上で配信した未来食堂の文章が、どのくらい反響を集めたかを見てみましょう。

・〝ただめし〟告知のブログ記事……約6000シェア
・日経ウーマン・オブ・ザ・イヤー受賞スピーチ掲載のブログ記事……約2000シェア

未来食堂を取材した記事には6万シェアを記録したものもありますが、〝未来食堂の文章〟（＝私が書いたもの）ではないのでここでは割愛します。

シェアは、自分が登録しているSNS上で「こんな面白い記事があったよ」と、他のユーザーに向けて発信すること。面白かった、で終わらず周りに向けた発信リアクションを取っているということなので、よりその方に気持ちが伝わったといえるでしょう。

さて、この数字が大きいと感じるかどうかは人によるかもしれません。ただ、周りの声を聞いていると「個人ブログで1000シェアを超えるなんてすごい」というものが多いので、少なくはない数字だと思います。また、これらブログ記事をまとめた書籍『未来食堂ができるまで』も、出版担当の方がブログを読んで心を動かされたから依頼がきたのであり、感想も多々いただくので、ある程度文章自体で気持ちが伝わっているのだと推察されます。

そんな私が文章を書くうえで気をつけていることを、2つに分けてお話しします。

この章で伝えたいこと

1. 文章の書き方
——大切なのは「あなた」に届けること
——〝こう書けばよいだろう〟に流されない
——メッセージを単語レベルで練り上げる

2. 文章の内容
——宣伝だけの文章を読みたい人はいない
——「来てください」と言わない理由

1. 文章の書き方

大切なのは「あなた」に届けること

文章を書く時に一番大切なこと。それは「あなた」に届けるということです。

手紙と違って情報発信は一対多の伝達手段なのだから、「あなた」に届けるというのは矛盾した姿勢なのではないかと思われたかもしれません。

違うのです。

不特定多数に向けて書くメッセージだからこそ「このメッセージは〝私〟のために発信されている」と読んだ人に思ってもらうことが、結果として大きな反響にも結びつくのです。

〝大きな反響〟という結果だけを期待するのは軽薄ですが、一人一人に向けて手紙のように書く未来食堂の記事が結果的に大きな反響を呼んでいる、ということを頭の片隅に置いておいてください。

例えばブログは「最近は会っていないけれど仲の良い中高時代の友人」、この本は「外国人に日本の良さをもっと知ってもらうための試みに悩むまかないさん」を読み手として想定しています（外国云々というところが大事ではなく、〝飲食以外での試み〟の具体例として想定しています。ここまで読み手をイメージしているかいないかで文章が変わるからです）。

具体的な読み手を意識していないと、得てして「今日のメニューは○○！」など（足を運べない）大多数にとってはどうでもよい記事になりがちです。

〝こう書けばよいだろう〟に流されない

これはSNSなどのインターネット上の発信に限りません。

例えば先日、これまでに私が書いた本を置いてくださっている書店へお礼回りに伺った時のこと。あわよくばその場でPOPを書かせてもらい、本の脇に差してもらおうという企《たくら》みがあったので、他の本のPOPや、他の作者の直筆サインPOPが意識せずとも目に飛び込んできます。

すると、どのサイン色紙も一様に「○○書店様へ、よろしくおねがいします」と書いてあるのですね。びっくりしました。

このサイン色紙を見るのは来店者です。来店者（本を買おうか迷っている方）に対してメッセージを伝えるべきなのに、書店様に向かって、しかも「よろしくおねがいします」だけとは……。もらった書店側も、著名な作者の直筆サインが嬉しくて、何も疑問を抱かず色紙を掲げているのだと思いますが……。いざ私が自分で直筆ＰＯＰを書くとなった時、改めてメッセージの受け取り手をあまり意識していない構造が垣間見えた気がしました。

もちろん著名な作家は一日何十枚と色紙を書かなくてはいけないのでしょうから、効率化を考えてこういう形になっていったのでしょう。しかし私のように無名な作者が同じことをしていてはいけません。結局自作のＰＯＰには、「その書店から未来食堂までの行き方」を簡単にでも添えておきました。その場限りの特別感や、お店が実際に存在していることを魅力的に伝えられたと思います。「ＰＯＰが他と違ったので印象に残りました」と、来店して褒めて（？）くださる方もいらっしゃいました。

メッセージを単語レベルで練り上げる

『あなたの〝ふつう〟をあつらえます』。

これは未来食堂のコンセプトメッセージです。シンプルですが、「いいメッセージですね」と褒めてもらうことも多いです。

いったいどれくらいの方が単語レベルで〝自分の伝えたいこと〟を表現しているでしょうか。

私の目から見ると、ほとんどの方が、既存の言葉や〝良い〟と言われている文章を借りて、自分の考えを表現しているにすぎないように見えます。**自分の思想を〝自分の言葉で〟語れますか？**

いくら〝言葉を練り上げる〟とはいえ、誰にも分からないような独自単語を勝手に繰り広げても、独りよがりな印象を与えてしまいます。例えば〝あつらえ〟は、少し古めかしく奥ゆかしいニュアンスや、和の感じを与える言葉です。そういったニュアンスを理解して、新しい意味を再定義していく。**既存を無視してはいけないし、飛躍しすぎてもいけないのです。**

言葉を細かく操ろうと思ったら、良い文章にたくさん触れることが大切です。本（特に文体に特徴のある本）をなるべく読みましょう。読み方はさまざまあると思うのであくまで私の場合ですが、気に入った作者が見つかると、原則としてその作者の作品にはすべて目を通します。

個人的には三島由紀夫『金閣寺』は修飾語の華美さも秀逸ながら、短い一文で人物の心情を表現しきるさまは目を見張るものがあります（何度読んでも骨肉とならないのが残念極まりないのですが……）。

2. 文章の内容

宣伝だけの文章を読みたい人はいない

例えば飲食店が告知を打つ時、メニュー名の羅列や、ただ「来てください！」と書くだけではなく、「最近暑い日が続いているから冷製スープにしました」「正月明けで胃が疲れているでしょうから玄米粥にしました」などのメッセージや、むしろその作り方を伝えたほうが、喜ばれるのではないでしょうか。

「飲食店は食べに来てもらうことで売上になるのに、料理の作り方を教えるなんて売上が下がる自殺行為だ！」と思われたかもしれませんが、いくら作り方を真似してもお店で作るほど完成度が高くなるためにはいろいろな要素が必要ですし、「未来食堂は遠くて行けないけど、確かにお粥っていいな。家で作ってみよう」と何らかの親近感を持ってもらうほうが、大きな目で見てプラスとなります。読んだ人にどんな〝プラス〟があるか、それを考え続けることで結果として自分にも〝プラス〟が返ってくるのです。

例えばブログ『未来食堂日記』では、仕出し屋で修業して学んだ「キャベツの千切りの方法」や「包丁の選び方」を、たくさんの写真と併せてとことん解説しました。その結果〝キャベツ　千切り〟でネット検索した人がまず出合う記事となり、未来食堂が多くの人に知られるきっかけにもなりました。

どんな情報でも良いわけではありません。ただの雑多な情報ではなく、「あなたの〝プロ〟としての立ち位置ゆえに持つ情報」に価値があるのです。

常に〝役立つ情報〟を盛り込む必要はありませんが、宣伝だけの文章を読みたい人はいません。そのことを忘れないでください。

「来てください」と言わない理由

では、〝役立つ情報〟以外にどんなことを伝えればいいのでしょうか。

未来食堂では、日中の営業で考えたことや、新しいシステム導入の経緯――。「こんなことを考えています」ということを正直に伝えるようにしています。「来てください」と言うことはありません。そんな宣伝文句よりも先に「内側」を伝えるべきなのです。

「来てください」という発言は相手を、店にお金を運んでくれる〝お客様〟として見ています。**「来てください」とお願いして来てもらうのではなく、「行きたい！」と自発的に思ってもらえるレベルまで興味を惹《ひ》きつけないといけません。**

「読んだ人が『行きたい』と思ってくれたら苦労しないよ」とボヤく声が聞こえそうですが、ここで効いてくるのが先述の、〝ブログの想定読者は「最近は会っていないけれど仲の良い中高時代の友人」とする〟行為です。

旧友に「来てください」と言う必要があるでしょうか。来てくれる（行きたいと思っている）のは間違いありませんよね。ですから、想定読者を揺らさずにいることで「来てください」を一言も言わずに、事業の正直な心情やストーリーなどを伝えることができるのです。

未来食堂のブログ記事を例に取ってみましょう。

未来食堂には、誰でも1食無料になる『ただめし』制度がありますが、この制度開始にあたり、

▼なぜこのようなことをするのか
▼どうやって実現化したのか
▼なぜこのようなふざけたネーミングなのか

といった「内側」を記事にしました。「来てください」という内容ではありません（1食無料券を使われても儲けがないから『来てください』と言わなかった、というわけではありません。念のため）。

結果、この記事は個人ブログでは例を見ない3万シェアを記録し、新聞やインターネットニュースでも取り上げられ、「未来食堂に行ってみたい！」という人を爆発的に増やしたのです。

これは目立つ例ですが、記事を読んで心を動かされた読者は「行ってみたい！」と思うものです。「来てください」から始まる来店は、お客様のどこかに「来てやった」という上位意識を植え付けるものでもあります。それに対して、〝ずっと来たかった〟

の感動から始まる第一印象は、さらなる感動を生みやすいのは言うまでもありません。

仲の良い旧友に「今なら○○実施中！　来てください」と〝本当に〟伝えたいですか？　それよりも、その○○を実施する経緯やこだわりを伝えたいのではないでしょうか。

コラム――SNSやブログで気をつけること

よく「SNSやブログで気をつけることはありますか?」と聞かれるのですが、私が意識しているのは以下の2点です。

1．炎上を〝気にしない〟

「気をつけること」として「気にしないこと」をお話しするのも妙かもしれませんが、インターネット上で不特定多数の非難の槍玉にあがる(＝炎上する)ことを恐れるあまり、毒にも薬にもならない文章ばかり並べた記事をよく目にします。

「気をつけることはありますか?」という質問も、意識的にせよ無意識的にせよ、そういった炎上に対する心構えを聞きたいのでしょう。八方美人で誰からも嫌われない文章は、誰からも好かれることはありません。もちろん炎上は避けるべきですが、そうやって傍目《はため》を気にしていては読み手を動かす文章は書けません。きちんと自分の想定読者に文章を届けることを、まず意識しましょう。

2. 誤字脱字を一つでも減らす

誤字脱字が目に付く文章に、説得力はありません。何度も自分が書いた文章を読み返すことで、誤字脱字は少しでも減らせるはずです。人間の作業なのでミスをゼロにすることはできませんが、書いた文章を自分の〝作品〟ととらえ、少しでも丁寧な仕事をしましょう。ネット上の記事では他サイトの引用なども多く見られますが、引用を間違うなどは、引用先に対してもあってはならないことです。

この章のまとめ

1. 文章の書き方

――大切なのは「あなた」に届けること

不特定多数を狙って書いた文章は、結局誰にも届かない。

――〝こう書けばよいだろう〟に流されない

「新メニュー開始です、来てください!!」でホントにいいのですか?

私だったら、来られない人のために、メニューのレシピまで載せます。

――メッセージを単語レベルで練り上げる

とことん考えると、自分だけの言葉が見つかる。自分だけの言葉が見つかるまで、とことん考える。

2. 文章の内容
――宣伝だけの文章を読みたい人はいない
――「来てください」と言わない理由

「来てください」「買ってください」は、読み手にとってただの雑音。

読み手が絶対に来てくれると確信できれば、文章が変わる。

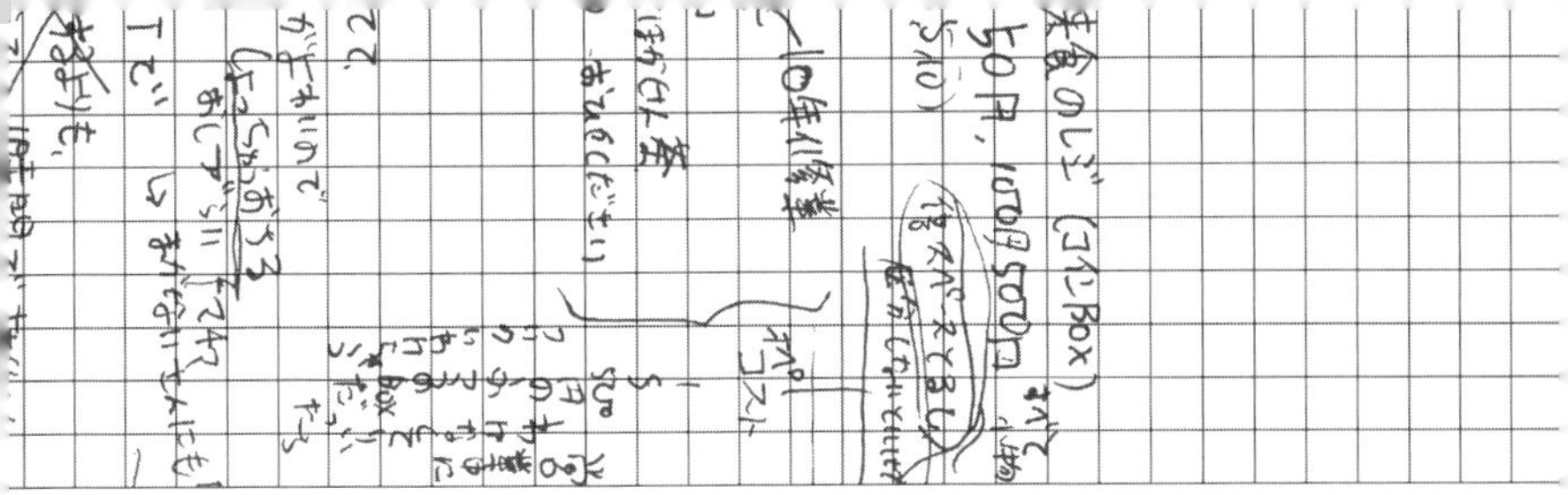

第5章

人が心を動かす瞬間

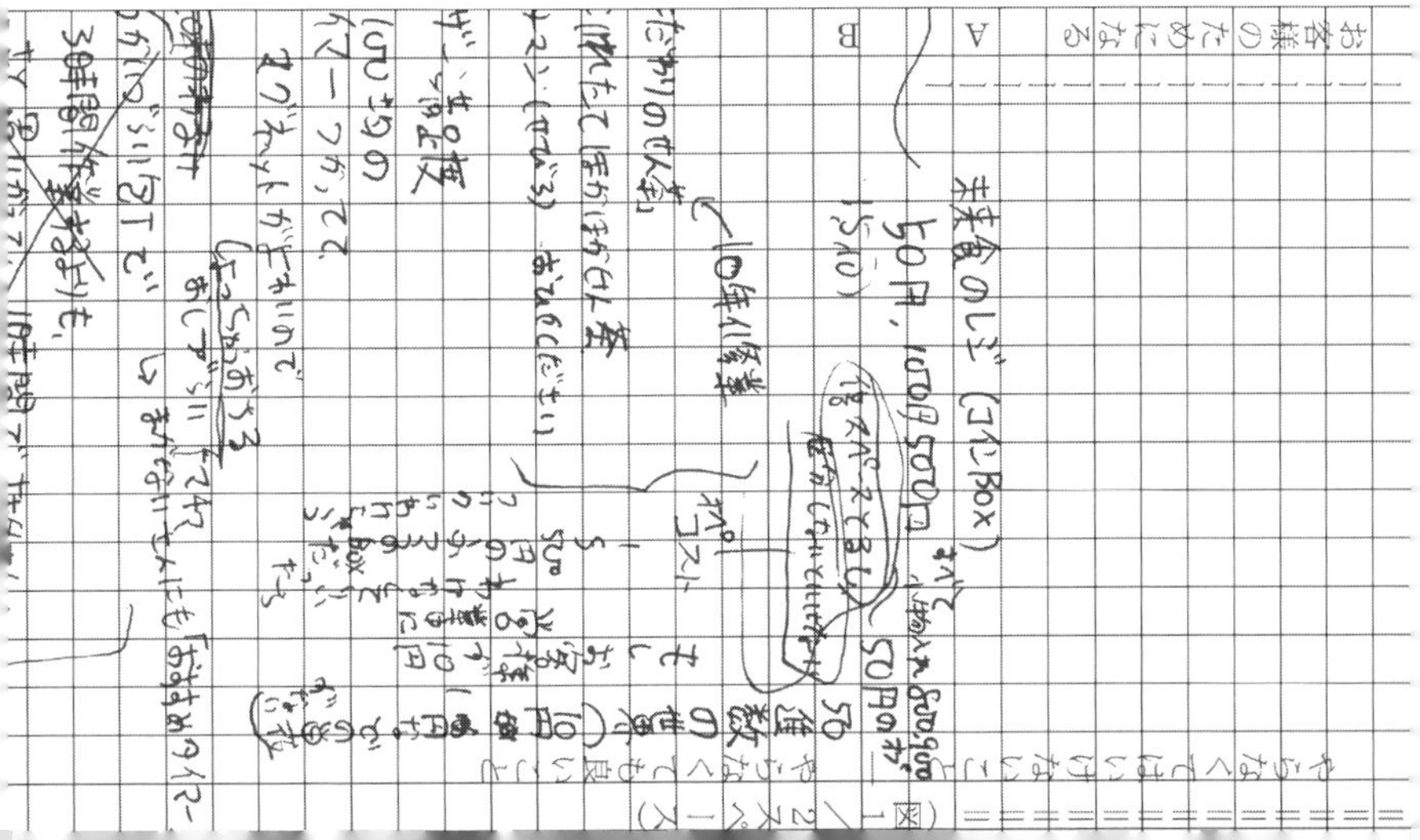

「私は人の心を動かせる」とは言いたくないけれど

未来食堂は、開店してから1年半の新米店ですが、多くの人に注目され、メディアでも話題になりました。もちろんそれは、ビジネスモデルに独自性があるといった理由もあります。しかし、未来食堂の『ファン』が増えていったことも理由のうだと思います。

全国津々浦々から、「○○から来ました」と訪れる方や、「こんな仕組みが欲しかったです」とメールをもらったり、小さな定食屋にしては、ずいぶん、多くの方が良くしてくださっていると感じます。なんだかんだとお客様や農家さんにいただく差し入れも、途切れることがありません。

ネットに配信された未来食堂の取材記事が信じられないほどシェアされたり、こうやって本の依頼が次々と来たり。年間のべ450人の方が"まかない〃をするためにやって来てくれるのも、12席の定食屋が人件費ゼロで月商110万を記録するのも、こういった人気に下支えされているのは間違いありません。

自慢はしたくないのですが、"何か"があってこんなことが起こっているとしたら、未来食堂の何がこんなにも人の心を動かすのでしょうか。

思想やビジネスモデルなどの表層もありますが、きっと、私自身の行動にも、ヒントがあると思います。

自分の口から、「私は人の心を動かすことができます」と言うのは、照れくさいです。しかし、照れて言わずにおくよりも、何かを始めようと取り組んでいるあなたに、隠さずにお伝えしたほうが、きっとプラスになると思い、自分の行動を一つ一つ振り返ってみました。

この章で伝えたいこと

1. 人のために労力を惜しまない
2. 過程を見せる
3. 細く長く付き合う
4. いただいた厚意を独り占めしない
5. いただいた厚意を軽んじない
6. いただいた厚意を喜びすぎない

初めに断わっておきますが、「これをやったら人の心が動かせる」というような小手先の説明はできません。

ただ、自分の行動を振り返ってみると「自分はこういうことをやるけど、他の人はやらないな」ということがいくつかあるのです。それをまとめただけにすぎません。

すべてが人の心を動かすことにつながるかは分かりませんが、「なるほど」と思うものを取り入れることで、あなたの周りの景色も、変わり始めるかもしれません。

1. 人のために労力を惜しまない

よく不思議がられるのですが、私は人のためなら労力を惜しまないタイプです。「人のために労力を惜しまない」と言うと、いかにも褒められる美点だと思われるかもしれませんが、実際は褒められるよりも「なんでそこまでするんですか？」と不思議がられることのほうが多いので、それほど自慢にはならないようです。

例えば、盛岡のまかないさんが店をオープンするにあたり、実際に現地に行ってアドバイスをしたこともあります。このまかないさんは何度もお店で〝まかない〟をしてくれて貢献してくれた……わけではありません。手伝ってくれたのは2回だけです。でも、少しでも縁があった人が困っていて、自分に何かできることがあれば役に立ちたいのです。「普通、1、2回手伝っただけの人にそこまではしないよ？」と言われますが、「この人は助ける」「この人は助けない」と選別するのが、単に面倒くさいからかもしれません。

どうも私は〝人が人と接することにより生じるエネルギー〟に関心があるようです。**自分一人で頑張るよりも、誰かと一緒だともっと頑張れることってありませんか？**　おそらくその考えから、自身の行動規範が生まれているように思います。

未来食堂を作る内装工事は1カ月ほどでしたが、その間必ず、毎日毎日、一日の最初と最後には現場で大工さんに挨拶するようにしていました。飲食店での修業も相まって楽ではありませんでしたが、自分の仕事ぶりを喜んでくれる人（＝私）がいると大工さんもやりがいがあるだろうと思って、毎日足を運んでいました。深夜工事の時は、深夜に挨拶をして就寝、早朝に飛び起きて挨拶に向かったりと大変でしたが、「働いている大工さんのほうがもっと大変なんだから」と、アラームに叩き起こされて現場に向かったものでした。

その甲斐あったかは分かりませんが、「ここに棚があったら便利だから付けてあげよう」とずいぶん良くしてもらいました。お店は9月13日にオープンしたのですが、不具合があった時は直ぐに対応できるよう、オープン日は大工さんがずっとお店にいてくれました。オープンしたてのお店に行って、大工さんがいたらビックリしませんか？　でも、毎日のやり取りの中でそこまでの関係性が生まれたのだと思います。大工さんが自分の店のように気にかけてくださったことが、今でもとても印象に残っています。

2. 過程を見せる——頑張っていることを隠さない

『頑張っている姿に人は心打たれ応援したくなる』とは前にも書きましたが、やはり私の目から見ると皆、頑張ってることをあまり表には出しません。

例えば、お店をやりたいといって手伝ってくれているまかないさんが、テレビ局の取材インタビューで「どうしてあなたは〝まかない〟をしているんですか？」と聞かれた時に「料理の勉強になるから」としか答えていないことがありました。せっかくの宣伝の機会なのに、言わない手はありません。奥ゆかしいその姿を見るに見かねて「国立《くにたち》で定食屋を出したいから修業で来てるんですよね」と後押しすると、「そうなんです」と説明するのですが、撮り直しではまた言うのを忘れていました。

「達成できるかどうか分からない目標をおおっぴらにするのは恥ずかしい」と思うかもしれませんが、そういうものなのです。どだい目標を語るなんて、滑稽《こっけい》なことです。でもその滑稽さを乗り越えて進む姿に、人は心を動かされるのだと思います。

例えば勝間和代さんの著書『「有名人になる」ということ』（ディスカヴァー携書）に、以下のような印象的な箇所があります。

書店には日本全国、どこに出かけたときも時間があれば訪れて、ビジネス書担当の方にご挨拶をして、名刺交換をした。

勝間さんは、自身で独立して始めた金融のビジネスに敗れ、抱えている社員の雇用のために〝有名人になる〟という目標を掲げ活動されていました。今でこそ多くの方がご存じの勝間さんですら〝有名人になる〟という目標を達成するためにここまでやっていたのですから、頭が下がるばかりです。恥ずかしがっている場合ではないのです。

一つ注意したいのは、〝頑張っていること〟を隠さないのであって、〝頑張ってもいないこと〟をおおっぴらに言いふらすのではないということ。「こんなことをやろうと思ってるんだー」と願望を話すだけでは、人の関心を強く惹《ひ》くことはできないでしょう。

3. 細く長く付き合う

最近はTwitterやFacebookなどのＳＮＳの発達もあり、〝友だち〟（プライベートな情報を公開しあう、距離の近い関係）であることの敷居がずいぶん低くなったと感じます。

「一度会ったら友だち！　ＳＮＳで繋《つな》がりましょう」という、最近よく見るようになったあり方は、個人的にはあまり馴染《なじ》むことができません。というのも、人と人との繋がりは、０と1というよりも、グラデーションのように曖昧《あいまい》なものだと思うからです。

人付き合いで一番大切にしているのは、『細く長く付き合う』ということ。未来食堂は恐らく、一度の来店で１００％満足できる定食屋ではありません。例えば目玉にしている〝あつらえ〟も、実は〝一から作るオーダーメイド〟を出すことはほとんどありません。のらりくらりと出来合いの小鉢やお菓子を出して、「あつらえはできなかったけれど楽しかった。また来よう」と思ってもらえるように計らっています。

一度来て「もう味わい尽くした。十分だ」となるのではなく、2度3度来て70%の満足が得られるような、そんな場が理想だと考えるのは、おそらく先に書いたように私の人付き合い観が大きく影響しているのでしょう。

「一度で満足することではなく、また来やすくなることに最大限注意を払う」姿勢は、例えば会計時に渡す永久割引券にも表われています。

初回のお客様にお渡しする100円割引券は、提示するだけで永久に使うことができます。初回をサービスすることで門戸を広げるのではなく、リピーターを優待するあり方が珍しいとコメントされることも多いですね。

何度かのやりとりを通す中で相手のことを徐々に分かっていく。そういう緩やかな繋がりのほうが、たとえ会わない時間が長くあったとしても、すぐにまた近しかった頃に戻りやすく、結果として切れにくい絆になっていくような気がします。

人と人とはそんなにすぐ打ち解けあい〝友だち〟になれるのでしょうか? 私の中で〝友だち〟とは、3歩進んで2歩下がるような一進一退を繰り返しながら、グラデーションを塗り重ねていく間柄を指す言葉です。

小学生や中高生の頃は「また明日ね」で緩やかに友だちと繋がっていました。何の約束をするでもなく、ただそこに行けば誰かとまた明日会うことができる――。そういう関係のあり方を尊ぶ性格のようです。

この性格が〝人の心を動かす〟ことにどう役に立っているのかは分かりませんが、対人コミュニケーションのあり方が変わっているとよく言われるので、参考に記載しました。

さて、ここまで書いたことを実践したならば、厚意をいただくこともちらほら増えてくることでしょう。ここから先は、そうやっていただいた厚意にどう接するか、私が気をつけていることをお伝えします。

4. いただいた厚意を独り占めしない

3章「何かを始めた後、続けるために」で書いたことと重複しますが、人からもらったものをいかに還すかという意識があると、周りの人から喜ばれる確率が高くな

ります。

還元する時のポイントですが、**必ずしもその人に還す必要はありません。**AさんからもらったものをBさんに返したり、あるお客様からいただいたものをメニューに使うことでお客様全体に還元したりしてもいいのです（昨年2016年の最終営業日では年越しそばに、お客様からもらった高級かまぼこを添えてお出ししました）。

ただしポイントは、渡す時にはいただきものであることを必ず伝えること。「お客様からいただいたんです」と添えながら渡すことで厚意が伝わりますし、「自分も何か手に入った時は持ってこようかな」と思いやすくなります。**良いことは一度きりではなく、いかに循環させ続けるかがポイントとなります。**何度も繰り返すことで全体の〝気〟が変わってくるからです。

よく「未来食堂は月次決算も事業計画書も公開している。なんて新しいあり方なんだ」と驚かれますが、個人的には「そうやって知識や情報を公開することで全体がより良くなるのであればそうしようかな」といった考え程度です。自分一人が得を独占する、という概念が私にはあまりないようです。

〝さしいれ〟（飲み物を半分お店に差し入れすれば、持ち込み料無料で何でも好きなものを持ち込めるシステム）も、『いかに返すか』から始まっています。というのも、未来食堂にはなぜか差し入れを持ってやって来る人が多くいて、「店だけで厚意を独占しておくのはもったいない」と感じたことがキッカケで生まれたシステムだからです。

ちなみに、ある人が皆で分けたがる性格かどうかは、普段の行ないから結構見えてきます。

例えばまかないさんにしても、「今日はよろしくお願いします。これ、おみやげです」とお菓子や作物を持ってやってきてくださる方が多いのですが、あられのように多人数で分けられるものを持ってくる人と、高価なお菓子を一つだけ持ってくる人がいます。一つ二つを持って来るまかないさんは、「せかいさんにあげよう」と思って持ってきてくださるのでしょう。私はそういう時、苦労してでも等分して、「今日は北海道からまかないさんがおみやげを持って来てくれました」とお客様に振る舞います。そうやっていただき物を振る舞う姿を間近で見ることで、そのまかないさんにも、誰かに分け与える喜びを知ってほしいと思っているからです。

実際に、当初はお客様に差し上げるつもりがなかったまかないさんも、おみやげをキッカケにお客様と話が弾《はず》んだりして、楽しそうにしています。

5. いただいた厚意を軽んじない

例えば未来食堂にとって『厚意をいただく』という根源的な形は、〝まかない〟かもしれません。たくさんの人が厚意を寄せてくれることで運営が成り立っているようなものですから。

しかし、ただ厚意を受け取るだけではなく、まかないさんに「また手伝いたいな」と思ってもらえるよう、気をつけていることがいくつかあります。

おみやげを持って帰ってもらう

いくら厚意から出たとはいえ、手伝ってあまりにも実りがなければ「また手伝おう」と思えないかもしれません。ですので、『料理が学べた』『人助けになった』などの何らかのプラスの感情（＝おみやげ）を持って帰ってもらうことを重要視しています。

よそものとして接しない

例えば問題点は皆で共有したり、たとえ50分皿洗いしかしない人であっても今日のメニューの解説を聞いてもらったり。そうやって皆で同じ方向を向くことによって、お互いを気遣い合うことができ、結果として疎外感を植え付けることも避けられます。

「自分は役に立てるのだろうか」「今自分は役に立っているのだろうか」と不安を抱えながらも「手伝いたい」という思いだけで参加してくれているわけですから、例えばやっている作業の簡単な解説をするだけでも（今ジャガイモの皮をむいていますが、これからつぶして明日のポテトサラダにするんですよ、など）、〝初めて来たものの自分だけが役立たず〟という心理にはならないことでしょう。

6. いただいた厚意を喜びすぎない

前節と矛盾するのでは、と不思議に思われた方もいらっしゃるかもしれませんね。もちろん、感謝の表明、「ありがとうございます」と口に出して言うことや、「明日のランチで汁椀に浮かべてお出ししますね」など、使っている情景がイメージできるように感想を伝えることはとても大切です。

しかし、厚意をいただき慣れていない方にありがちなのが「過度に喜びすぎてしまい、持ってきた相手が居心地悪く感じてしまう」という失敗なのです。

イメージとしては、人と接し慣れていないおばちゃんが何か物をもらったとして、「まあまあまあこんなに大層な物をよくもまあ……」と言いながら何度も何度もしつこくお礼を繰り返すイメージでしょうか。

感謝の意を表明することは大切ですが、やりすぎると相手が窮屈《きゅうくつ》さを感じてしまいます。また、スマートにお礼が言えると「厚意をもらい慣れている」と相手に感じてもらえるので、相手も気安く感じます。プレイボーイが、その余裕のある立ち居振る舞いからよりいっそう異性の心を掴むようなものなのかもしれません。

「こうやったら人の心が動かせる」と書くといかにも狡猾《こうかつ》な感じがしますが、決してそうではありません。人の心を動かしたければ、まず自分が立ち回り、情報をオープンにし、相手を喜ばせることが何よりも必要です。自分の立ち居振る舞いの程度以上に、人の心が動くことはありません。

この章のまとめ

1. 人のために労力を惜しまない

袖触れ合うも他生の縁。自分が1のコストを支払うことで、相手が10の恩恵を受けるのであれば、1のコストは惜しまない。

2. 過程を見せる

〝弱い主人公が修業して強くなっていく様〟に人は心惹かれる。頑張りを隠しても良いことはない。

3. 細く長く付き合う

人に期待しすぎない。仲良くなったり縁遠くなったりを繰り返しながら人は関係を深めていく。

4. いただいた厚意を独り占めしない

いただいた厚意を循環させることで、より大きく還ってくる。欲を出さない。

5. いただいた厚意を軽んじない

厚意をいただいた方の自尊心を満足させるように振る舞う。お金では買えない満足感が得られた、と相手が感じてくだされば、再び厚意に与る確率も増える。

6. いただいた厚意を喜びすぎない

自尊心を満足させつつも、ちょっとそっけないくらいでちょうどいい。

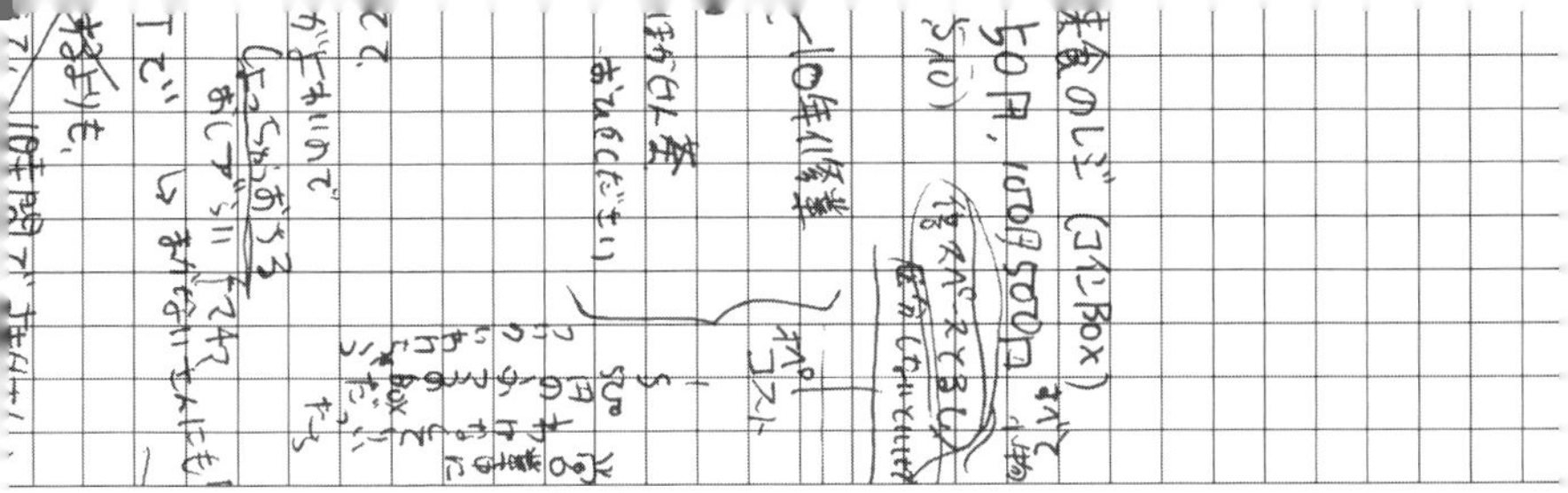

第6章

注目を集めるということ

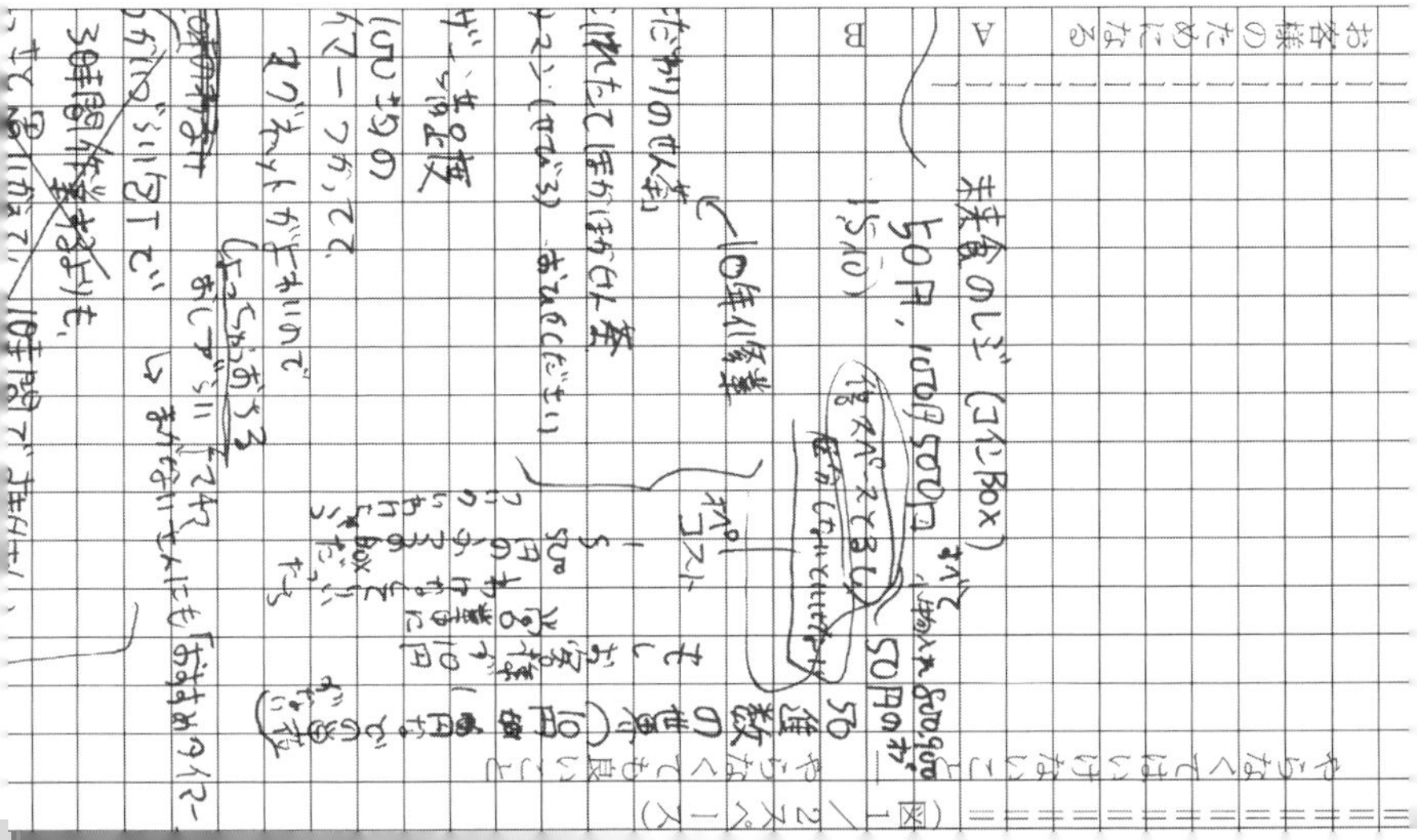

「この章は関係ない」と思われた方こそ読んでほしい

この章では、新しいことを始めてみたあなたが、ひょんなことから注目を集めた場合に、何に気をつけるべきなのか、どう立ち振る舞えばいいのかをお伝えします。

「自分が何かを始めて、注目を集めるなんてあり得ない」と思われるかもしれません。しかし、そういう方にこそ、この章を読んでいただきたいのです。

というのも、私自身が、注目を集めるなんてまったく考えていなかったにもかかわらず、未来食堂を始めて急に注目を集め、戸惑い、本当にしんどい思いをしたからです。

注目を集めたときにどう振る舞えばいいのか教えてくれる本も人も見つからず、心細い思いをしました。もしもあなたが同じ目にあったとして、参考になることが少しでもあればと思い、自分の体験を書き留めておきます（私程度が話すのも恥ずかしいですが）。

これから何かを始めるあなたにとって、この章が役に立つのは少し後の話かもしれません。ですが、何かあったときは「せかいさんがあの本で話していたな」と、思い出してください。

※未来食堂のメディア状況
未来食堂は開店して直ぐの頃から、多くのメディアで注目を浴びてきました。開店1年間でテレビ9回、新聞3回、ラジオ8回、雑誌（月刊誌）8回、インターネットで26回取り上げられ、特にインターネット上での取材記事は累計10万シェア以上にも及びました。出版はこの本で3冊目となります。また、2016年には〝今年活躍した女性〟として〝日経ウーマン・オブ・ザ・イヤー2017〟を受賞しました。

この章で伝えたいこと

1. 注目を集めるメリット
——メリット1：売上が上がる
——メリット2：理念に共感する人が増える
——メリット3：チャンスが広がる
——メリット4：人のハブになれる

2. 注目を集めるデメリット
——デメリット1：誹謗中傷・批評批判に晒《さら》される
——デメリット2：来店される方の期待値がつり上がる
——デメリット3：殺到する取材依頼からのストレス
——取材に対する事前確認とお願い

1. 注目を集めるメリット

注目を集めることのメリットは、大きく4つあると言えるでしょう。

▼売上が上がる
▼理念に共感する人が増える
▼チャンスが広がる
▼人のハブになれる

メリット1：売上が上がる

未来食堂は飲食店ですから、一番分かりやすいメリットはこちらでしょう。注目を浴びることは宣伝になり、多くの一見さんを増やしてくれます。

しかし、「マスコミに出ると一気に一見さんが増えて常連が離れてしまうので、当店はマスコミお断り」という話もよく聞きます。いったいマスコミに出ることはメリットなのでしょうか、デメリットなのでしょうか。

確かに〝マスコミによる常連離れ〟は起こり得る現象です。しかし、メディア露出による客足のピーク（メディア媒体によって周期は違います）を予期さえしていれば、例えば仕込みを厚くするなどして対応することができます。お店を愛する常連さんであれば「ああまたテレビに出たんだな」と分かってくれ、時間をずらしてくれたりするものです（未来食堂のお客様はそういう意味でメディア対応が上手な方が多い気がします。頻繁にお店が取材を受けているからかもしれません）。一見さんも何割かは気に入ってくれ足繁く通ってくれるでしょうから、「一見vs常連」とラベルを貼るのはもったいないことです。

「常連が離れる」という売上減よりもむしろ、あまり語られない「一見さんに晒される」というストレスのほうが、実はマスコミに出ることのデメリットとして大きいのではと思います。これについてはデメリットの項で後述します。

未来食堂の場合は、メディアが取材基準（後述します）を満たしていれば、原則として依頼を受けるようにしています。

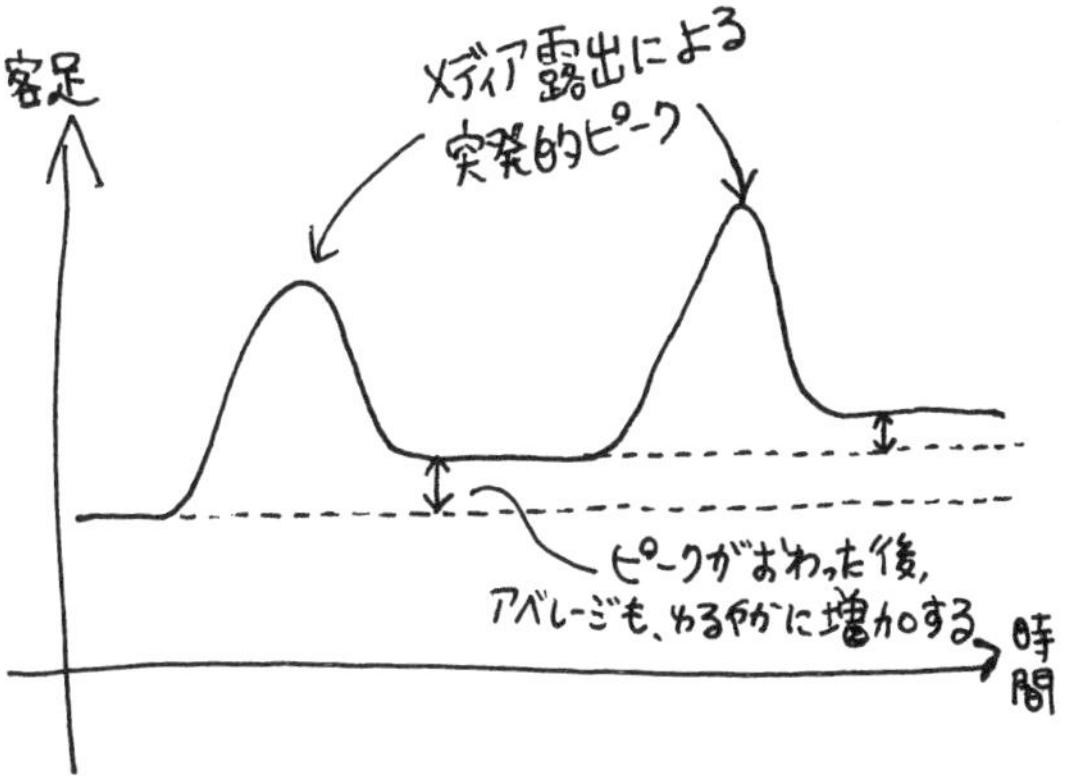

図5）メディア露出後の客足の推移

●一時的な売上増の波が退いた後はどうなるのか

メディア露出により客足は短期的に急増します。未来食堂の場合は最大で通常の4倍を記録しました。しかしそれはいつまでも続きません。では、ピークが過ぎると客足は元に戻るのでしょうか？

客足をグラフにしてみると上のようなイメージになります（図5）。

経験的に、突発的ピークが過ぎ去った後は、平均的な来客数が一段上がります。例えば一日の来店数が平均3回転だったものが4回転になるといった具合です。

突発的ピークに対処するのは大変ですが、その波を超えると全体の平均値も上がります。ですので、メディア露出自体は決して、一時的にしか意味がなく繰り返さないと利益を生まない〝焼畑産業〟ではありません。平均値が上がる理由は、以下の2つがあります。

▼ピーク時に来てくださったお客様が「また来よう」と思って再来するから

▼メディア報道後すぐには来店せず、時間をおいて来店するから

ピークの最中であっても「また来よう」と思ってもらえるサービスを提供することさえできれば、注目を集めることはメリットとなるでしょう。もっとも、通常の何倍ものお客様、ましてや普段の勝手が分からないお客様が大挙すると、接客も調理の負荷も増加しますので〝いつものサービス提供〟すら難しくなってしまうのですが……。

なお、間をおいて来店されるお客様層については、コラム「メディア露出の効果測定の難しさ」（211ページ）で触れたいと思います。

メリット2：理念に共感する人が増える

ビジネスとしてやっているからには、「ただ売れればいい」というだけではなく、例えば企業理念や目指す未来など、長期的な目線で実現したいことがあります（理想論すぎると笑われるかもしれませんが私はそうです）。

未来食堂の場合は『誰もが受け入れられ、誰もがふさわしい場所』が存在すること、そしてそれを知らしめることが事業理念です。

メディアの切り取り方によっては、そういった理念も併せて報道してくれるので、自分の目指す未来や理念に共感してくれる人を増やすことができます。共感するかどうかは個人の問題だとしても、まずは伝播《でんぱ》されないと認知すらされないわけですから、メディアによる露出に意味はあります。例えば以前、与論島《よろんとう》から来たお客様がいたのですが、そのお客様のご近所さんも未来食堂のことをご存じだったそうです。

ただし、このように与論島で認知度が上がっても、未来食堂のように飲食店（場所の制約のあるビジネス）では売上増には結びつきません。ですから、理念の共感を目指して頻繁に取材を受け、本業がおろそかになるといったことは本末転倒です。

なお、「テレビは向こうの都合で勝手に編集され、理念が伝わるどころか曲解されるに決まっているから取材には応じない」と考えている方もいるかもしれませんが、こちらの真意をきちんと話せば決してそんなことはありません。これについては7章の3「軸をぶらさない」にて後述します。

メリット3：チャンスが広がる

メディアに出て注目を集めると、例えば著名な方と対談できたり、本や雑誌の執筆や講演を依頼されたりと思わぬ仕事に繋がっていきます。

もちろん、そういったことは本業ではないので断ることもできますが、私の場合は新鮮で面白いと感じるので、なるべく受けるようにしています。飲食店を営んでいるとお店の外に出歩くことが難しいので、嬉しさもひとしおなのかもしれません。

例えば本を書くことでさらに有名になり、別の出版社の方が企画を持ってきたりということもあります。

本業とのバランスは大切ですが、今まで体験したことのない経験を積むというのは大きなメリットです。特に未来食堂の場合は、『誰もが受け入れられ、誰もがふさわしい場所』を実現するためには必ずしも飲食店であり続ける必要はないと考えているので、別の形を模索しているということも含め、飲食業以外の社会を垣間見れるのは貴重な機会です。

メリット4：人のハブになれる

「人が人を呼ぶ」とはよく言ったもので、注目を浴び人がたくさん来るようになると、それが呼び水となってますます人が来るようになります。

〝まかないさん〟を例に考えてみましょう。

飲食店開業志望者にとって恰好の修業場であるこの〝まかないさん〟がテレビなどで紹介されると、希望者が遠方からもやって来ます。通常、飲食店開業志望者が同志に会えることはほとんどないのですが、この〝まかないさん〟のおかげで未来食堂ではたくさんの同志に会うことができます。お店ができた後も交友が続いたり、〝まかないさん〟を通して知恵を出し合ったりできるのです。

まかないさんがまかないさんを呼び、未来食堂はますます賑《にぎ》わいます。飲食店開業希望者だけに留《とど》まりません。例えばまかないさんから「地方の雇用創造について考えています」と話を持ちかけられ、「来週の水曜に来るまかないさんも同じこと話していたよ」と私が紹介することもよくあります。人のハブになることで知恵を共有することも、チャンスを広げることもできますから、大きなメリットといえるでしょう。

2.注目を集めるデメリット

注目を集めることはメリットばかりではありません。私が実際に体験した中で、デメリットだと感じたことをまとめてみます。

▼誹謗中傷・批評批判に晒される
▼来店される方の期待値がつり上がる
▼殺到する取材依頼からのストレス

デメリット1：誹謗中傷・批評批判に晒される

有名になることのデメリットと言えば、真っ先に〝誹謗中傷〟が頭に浮かぶのではないでしょうか。

確かに、100%虚言の誹謗中傷も、ある程度知識のある方からの批評批判もあります。例えば未来食堂の場合は開店前からブログを書いていたり、事業計画書を公開していたので、それを見た〝起業コンサルタント〟から、「こんな計画絶対うまく行くはずがない。名物料理がないなんて致命的。数カ月で破綻するだろう」とネット上で批評されたこともあります。

テレビに出た後なんて特に、「こんな愛想の悪い店主の店に行きたくない」「まずそう」「これで900円は高すぎる」「ただで人を働かすなんて、店主は金に汚いXXX人（伏せておきます）」と言われたい放題です……。

〈対処法〉

根も葉もない『誹謗中傷』と、討論者が自説を振り回したいためだけに未来食堂をサンドバッグにする『批判批評』の2点に分けて整理してみましょう。

●誹謗中傷：ある程度は仕方のないことだと諦めることです

未来食堂のお客様でもあるライフネット生命保険会長の出口《でぐち》治明《はるあき》さんに、この件を相談したことがあります。出口さんは「2：6：2の法則というのがありまして、

『好きな人』は2、『どちらでもない人』は6、『嫌いな人』は2、必ず存在するんです。これはまあ、しゃあないことです」と軽快な京都弁で語ってくれました。

100%人から好かれる人はいません。目立てばそれだけ叩かれるのです。

私自身振り返ってみると、根も葉もない誹謗中傷への耐性が、ずいぶん付いたように思います。ただし、私の場合は先にも触れたように、名前が珍しかったり、例えば高校や大学に着物で通っていたりと、小さい時から〝注目を浴びる〟経験が多かったので、必要税のように迫ってくる誹謗中傷にも耐えられるのかもしれません。

逆に言うと、それくらい〝叩かれ慣れている〟私ですら、メディア、特にマスメディアで露出した時の誹謗中傷に最初はショックを受けていたので、そう考えるとダメージを受けることは、どんなに耐性があっても「しゃあないこと」なのかもしれません。人に相談するのも手だと思います。案外話すだけで気が紛《まぎ》れるものです。

●批評批判：神経質になりすぎないことが大切です

前述のような「未来食堂はXXXが間違っている」といった批判は、はっきり言いますが、誹謗中傷と同レベルにすぎません。というのも、大体は「一度もお店に来たことのない人」による〝批評〟が大半だからです。

一度行ったことがある、というのも私にとっては説得力を持ちません。何かを理解しようと思った時、5回10回足を運び、初めて見えてくるものがあると考えているからです。明らかな苦情は対応する必要がありますが、「世の中にはいろんなことを考えている人がいるのだなあ」と海外旅行に行ったような気分で受け流すのが一番いいと思っています。

ちなみに未来食堂の場合は「成熟産業である飲食業界で革新的な経営法」という形で注目を浴びることが多く、お察しの通り、こういった取り上げられ方をされるたびに〝企業コンサルタント〟や〝経営者〟の批評が湧き起こります。

なお、批判批評は辛口のものばかりではありません。賞賛も多くあります。そういったプラスのものに対してはどう振る舞えばいいでしょうか。

個人的な意見ですが、賞賛などプラスのものにもまた、惑わされないことが大切です。人が「良い！」と褒めてくれても、何を見て良いと思ったのかは、こちらからは推測できません。また、たとえ推測できても、当人からするとその理解は極めて浅いものであることがほとんどです（おそらく物を作る人なら、一度ならずこの違和感を体感したことがあるのではないでしょうか）。

たとえ表層を好きになってもらったとしても、それはかりそめにすぎません。好かれていることをアイデンティティにしてしまうと、世間の風向きが変わって一斉バッシングなどの状況になった時に耐えきれません。人の評価は、良いものであれ悪いものであれ気にしないのが一番です。

未来食堂の場合は、「廃棄ロスのない仕組み」「既存の貨幣経済を超えた新しい形」として賞賛を浴びることも多々あります（2017年度に私が日経ウーマン・オブ・ザ・イヤーを受賞したのも、こういった世の賞賛とは無関係ではないでしょう）。しかし、そういった形が〝良い〟と褒められているのは、たまたま世の流れがそちらに傾いているから、といった程度にすぎません。世の流れが変わると、あっという間にバッシングされる側に転じる可能性は十分にあります。賞賛なんて、その程度のものなのです。

ちなみに、エゴサーチと言って、自分や企業名（私の場合は未来食堂）でネット検索をかけ動向をチェックすることを、「ストレスを溜めるだけだからやめておきなさい」と言う人もいます。私も基本的にはその意見には賛成ですが、未来食堂の場合難しいのはB to Cビジネスであり、ネットでの揺れが実店舗に反映してしまうということです。

後述しますが、未来食堂の取材記事が初めてバズを記録した時（インターネット上で3万シェア）、まったくそれに対して対策を打っていなかったので、お店が混雑し大変なことになってしまいました。

このように、ネット上の動向が自分のビジネスに関わる場合（未来食堂の場合は仕込み量にも関係します）、エゴサーチをまったくしないのは不用意かもしれません。

このデメリットの特徴は、比較的人に打ち明けやすいということ。有名になることで誹謗中傷を受けるというのは想像に難くないので、嫌味と捉《とら》えられづらく、相談する相手をあまり選びません。人に話すことで精神が和らぐ性格ならば、親しい友人等に打ち明けるのも手です。

デメリット2：来店される方の期待値がつり上がる

未来食堂はB to Cの飲食店であるため、メディアで注目を浴びるとお客様が増えます。それがメリットであることは先述したとおりですが、『テレビで見た通りのこと』や『素晴らしいビジネスのカラクリ』を期待する（または批判しようとする）お客様が増えることも意味します。まったく感情の入らない、完全に機械的なオペレーションであれば、ギャラリーであるお客様がいくら増えてもよいのですが、未来食堂の場合は〝あつらえ〟など、あいまいな〝人間同士のやり取り〟といったような非機械的な一面を持つサービスも多々あり、こういったところでギャラリーが増えると、大変やりづらくなるデメリットが発生します。

そもそも接客業である限り、完全に機械的なオペレーションというのはあり得ません。メディアに出てギャラリーが増え、ストレスを抱えることは想像に難くないでしょう（私見ですが、「マスコミお断り」の飲食店は少なからずこのストレスにやられたんだろうと思っています）。

先ほど〝メリット〟の項で「一見さんに晒される」というデメリットの話をしました（178ページ）。

「常連が離れる」という売上減よりもむしろ、あまり語られない「一見さんに晒される」というストレスのほうが、実はマスコミに出ることのデメリットとして大きいのではと思います。

「そんなの仕方ないじゃないか」と思われるかもしれませんが、例えば著名な実業家のブログで未来食堂が紹介された時、おそらくそのブログの読者であろうビジネスマンが大勢詰めかけたことがありました。大体そういう方は一人で来店し、ずっと写真を撮り続けます。そんな人たちで満席になった時にはまるで〝有名ラーメン店〟のような殺伐《さつばつ》とした空気に包まれ、中心にいる私は鳴り止まないシャッター音にすっかり気が滅入《めい》ってしまいました（実際この時は、何も知らずに来店されたお客様から「ずいぶん殺伐とした空気のお店ですね」というコメントもいただいてしまいました）。

私はまだ張本人（？）だからいいのですが、まかないさんにいたっては、ふらっと手伝いに来たはずが人の視線を浴びながら作業をするはめになり「まるで動物園の檻《おり》の中にいるような感じがします」と、お客様のいない時間帯の〝まかない〟に変更を希望された方もいました。

一見さんの中には、自分からは心を開かず〝「お金を払っているんだから報道と同等のサービスを受ける権利があるはずだ」と頑《かたく》なに譲らない人〟が一定の割合で存在します。

そのような人々が押し掛けることにより場の空気が変わってしまい、本来ターゲットにしていた層が来づらくなるというデメリットに加えて、場の中心にいる自分自身の気が滅入ってしまうデメリットも生じるのです。

真意を隠した不特定多数（観察者の立ち位置を崩さない人）にワッと押し掛けられるのは、かなりの心労です。


未来食堂の〝まかない〟は、不特定多数が厨房（普段お客様には見せないお店の内側）に入り込むシステムであるため、「そうやって毎日知らない人と一緒に作業するなんて心理的にシンドそう」とコメントをいただくことも多いのですが、一見さんが押し掛ける心労に比べたらまったく苦ではありません。

〝まかない〟を通じて不特定多数と接触することに慣れている自分ですらかなりシンドいものがあります。一見さんに晒される心労は、恐らくあなたの想像を超えたものです。

しかもこのデメリットは、批判批評のように相手からネガティブなメッセージが発せられるものではなく、多分に心理的なものです。「一見さんが増えてストレスである」とあなたが吐露しても「限られた常連コミュニティの中で仲良しこよしでやっている、その考え方が甘い」と一喝されてしまうかもしれません。同じ体験をした相手でないと、理解してもらうことが難しいでしょう。

〈対処法〉

●同じ境遇の相談相手を作る

「一見vs常連」という図式は大勢の人が感覚的に理解できますが、「一見さんが増えることによるストレス」は、実際に自分が体験しないと実感が湧かないものです。同業者に下手に話してしまうと、自慢とも取られる危険性があります。もしも辛くなったら未来食堂の〝まかない〟に来たらいい……というのは半ば冗談ですが、この種の「プラスから波及するデメリット」（金持ちゆえのデメリット・美人ゆえのデメリットなど）は大勢の人が理解できるほど巷《ちまた》に流布《るふ》しているものではありませんから、話し相手を限定する必要があります（ちなみに私は相談相手がいないので、割と辛いです）。

●チームメンバー、サポートメンバーを作る

一見さんに晒されるとはいえ、一人きりで受けるのか、2、3人で受けるのかで心理的負担もずいぶん変わってきます。

例えば私の場合、未来食堂が前述した〝有名ラーメン店〟状態になった時、カウン

ター内に立つのも嫌になったのですが、それを心配したまかないさんたちが代わる代わる〝まかない〟に訪れてくれ、本当に助かったものでした。

とはいえ、〝まかない〟は善意によるもので強制ではありません。個人飲食店ですからチームでやっているわけではありません。

一人で回しているとして、運良く理解してくれる人々に囲まれた時は、それに感謝してありがたく恩恵を受けることが大切なのかもしれません。

デメリット3：殺到する取材依頼からのストレス

一度注目を浴びると、「取材をさせてください」というお誘いがひっきりなしに来るようになります。例えば未来食堂が最初に注目を浴びた時（初めての取材記事がネット上で3万シェアを記録した時）は、テレビ局やネットメディア、出版社の方々から毎日のように名刺をいただきました。

余談ですが〝名刺をいただく〟のはメディアの方々からだけとは限りません。名のある方や名のある方になりたい方など、とにかく自分をアピールしたい方は名刺を渡してくれますから、一日の営業が終わった時にはトランプの札を数えているような状態で名刺が溜まっていきました。そうやって名刺を渡されて話を聞いていると、当然他の業務に支障が出ます。
飲食店で、お客様が少ない時間帯は一見すると暇な時間に見えますが、そういった時間は夜のおかずを作ったり翌日の仕込みに充てています。ですので〝暇そうな時間帯〟であっても、取材依頼の方が殺到してしまうと、次の日の仕込みができないまま翌日を迎えたりと、とにかくてんてこ舞いになってしまいます。オープンから1カ月半の時に起こった最初のバズは、そんなこんなで非常に苦い思い出として自分の中にインプットされています。

また、その波が落ち着いて、例えばメールで取材依頼が来るようになったとしても、A社にもB社にも同じことをメールしなければならず、非常に作業が繁雑です。B to Cビジネスの場合は特に、お客様がいる時に取材を受けることもあるでしょうから、お客様に対してのガイドラインを先立って取材者側に示しておく必要があります。

〈対処法〉

未来食堂では「取材を依頼された方へのお願い」をインターネット上に全文公開

し、取材を依頼するメディアには「当サイトに『取材を依頼された方へのお願い』を載せていますので、まずはそちらをご覧ください」とお返事しています。

余談ですが、未来食堂は個人飲食店。忙しい朝の仕込みの時間や、営業時間中にかかってくる取材依頼の電話に手を止めて対応せねばならず、非常にストレスフルでした。

「でした」と書いたのは、現在は電話番号を非公開にしているからです。未来食堂のサイトにメールアドレス・住所は載せていますが、電話番号は非公開とし、記載するのをやめました。さまざまな依頼、問い合わせがメールで来るようになり日常業務を邪魔されないのでとても助かっています。

さてこの「取材を依頼された方へのお願い」、実際にどんなことが書いてあるのか、またどのような経緯でそれを書くに至ったのかをお話ししようと思います。

取材に対する事前確認とお願い

このたびは未来食堂に興味を持っていただきありがとうございます。

取材をお受けするに当たり、こちらからもお願いしたいことが幾つかございます。

●まずはお店にお客様として来てください
　未来食堂は定食屋です。「あつらえ」「まかない」「さしいれ」など新しいシステムが注目されていますが、本質的には飲食店です。このことをきちんと理解いただくために、一度はお客様としてお店に来ていただきたく思います。遠方等、難しい方は随時お知らせください。
※来店時に名刺を渡すか、依頼時のメールにて訪問した旨を教えてください。
↓依頼メールに来店した旨の記載がない場合、返信しない確率が上がります（こちらからは分かりませんのでご了承ください）。

●成果物は無料で公開できる形を願います
　未来食堂は決算や事業計画をすべてオープンにするなど、オープン化・シェアを良しとして進化しています。未来食堂の記事を有料とし、限られた人に届けるモデルは願う形ではありません、事前に相談ください（マスメディアは可）。
※無償で受けた場合。有償で受けた場合は任意です。

●記者様の過去記事、掲載紙をお教えください

未来食堂の理念「『誰もが受け入れられ、誰もがふさわしい場所』を作ること、それを知らしめること」から相反する場合はお受けできない可能性がございます。

●貴社がマスメディアの場合

基本的にお受けいたします。

●貴社がその他メディアの場合

過去に受けた取材と同内容であれば取材費を頂戴します。

金銭でなくても、未来食堂のためになることであれば代替できます（食材や〝まかない〟など）。

ただし、『貴店PR』は、1万シェア程度を確約できる場合のみ提示してください。

事前にメールにて内容をご提示ください。

●記事は下書き段階で、可能でしたら確認させてください

過去に、営業日・氏名間違いなどがありました。

※公開されてからの告知はおやめください。

●誤字脱字は極力避けてください
あまりにも誤字脱字が多い場合は掲載を認められない可能性がございます。

●連絡は極力メールにてお願いします

●営業時間内のインタビューは貸切が必要です（貸切料金をいただきます）
未来食堂は営業時間内（11〜22時）は休み時間がありません。そのため、営業日にインタビューを希望される方は、貸切料金をお支払いいただき、他のお客様が立ち入らないように設定したうえでインタビューをお願い致します。営業時間中はYES／NOで答えられる程度の話しかできません。どうぞご了承ください。貸切料金については HP内『素貸』の料金となります。

●店内撮影時は、断りのパネルを貼ってください（※映像取材の方）
テレビ撮影などは快く思わないお客様もいらっしゃいます。

「局名、番組名」「店内撮影中であること」「通常通り入店できること」を書いたパネルを貼ってください。以下の文言でお願いします。

『○○局XX取材撮影中。通常通り入店いただけます。お騒がせして申し訳ありません』

●以下の記事は未来食堂のオフィシャルコンテンツですので、自由に引用できます（画像もOKです）

◇未来食堂サイト（http://miraishokudo.com）

◇未来食堂ブログ（http://miraishokudo.hatenablog.com）

●掲載記事の一覧です（http://miraishokudo.com/publishing）

●FAQ

◇飲食店を始めようと思った動機は

「『お店を持つんだ』と決めたのは15歳、人生で初めて一人で喫茶店に足を踏み入れた時でした。『こんな店をやるんだ』という思いは今から考えると、『学校の自分』でも『お家の自分』でもない、〝自分〟そのままが在り、それを受け入れてくれた感覚から生じたものでした」（未来食堂ブログより引用）

◇今後のビジネスモデルについて

「未来食堂は多分、どこかで飲食店の枠を超えると思います。

飲食店のまま、しかもカウンターだけの定食屋とあってはとてもスケールする余地がありません。そして飲食店の成功ベクトル上に目標があるわけでもありません。そう考えた時、〝飲食店〟としてスケールするのではなくて、もっと別の概念の何かに転換することでスケールしていく未来が見えるのです。

未来食堂がこれからどんな形になっていくのか、そのことに今答えが出せない自分を恥じてはいません。自分にはその能力が無いことを認めて、より良い人が来た時に振り向いてもらえるように、その答えを一緒に見つけてもらえるように、ブランドとしての未来食堂を磨き上げることが自分の役割なんだと思っています。自分はただの一プレイヤーにすぎません」（未来食堂ブログより引用）

◇個人の経歴
小林せかい（Ｓｅｋａｉ Ｋｏｂａｙａｓｈｉ）
東京工業大学理学部数学科卒業後、日本ＩＢＭ、クックパッドで6年半エンジニアとして勤めたのち、1年4カ月の修業期間を経て「未来食堂」を開業。
以上です。ご覧いただきありがとうございました。
（２０１６年12月4日公開時点のものを一部簡略化しました）

個人的な感触ですが、こうやってきちんとお願いをする姿勢もあってか、未来食堂に取材に来られる方々は皆、こちらが恐縮するほど礼儀正しい方ばかりです。よく「マスメディア、特にテレビの取材は横柄だ」と聞くことがありますが、そう感じたことは一度もありません。
「お願いすれば分かってくれるだろうけれど、どうお願いしていいのか分からず、結局わだかまりが残ってしまった」といったケースが少なくないのかもしれません。確かにある程度場数を踏まないと、取材者に何を依頼すればいいのか見えてきません。

未来食堂のこの〝お願い〟の例を参考に、自分なりのルールを作るのも手でしょう。

こちらのお願いを聞いてもらい、こちらも相手の気持ちに応える。このようなフィフティ・フィフティの関係性が、よい作品作りに繋がるはずです。

では、〝お願い〟がどうしてこのような形になったのか、順に見ていきましょう。

●まずはお店にお客様として来てください

毎日たくさんの記事や番組を作るディレクターの方々は、忙しいためでしょうか、電話で一方的に「〇〇（番組名など）です。今度取材させてほしいのですが」と告げられることが当初よくありました。そういった内容にいちいち答えていると時間ばかりがとられ、個人で切り盛りしている飲食店はとても運営できません。

そもそも、取材したいというのならばまずは足を運ぶべきだと私は考えます。「一度は店に来てから、取材依頼をしてほしい」と、おそらく世の店舗経営者は考えていると思いますが、そうは言っても「取材してあげるから」の誘惑に、ついつい腰が引けて欲求を通しづらいのかもしれません。

しかし、正当な理由（未来食堂の場合は、珍しいシステムよりもまずは飲食店であることを理解してほしいという理由）であれば、依頼者も分かってくれるはずです。

「未来食堂を取材したい」と思う人が10人いたとして、「実際にお店に足を運んでもいい」と思う人が、もし3人しかいないのならば、その3人だけを相手にすればいいのです。

●成果物は無料で公開できる形を願います

未来食堂は原則として無償で取材依頼を受けています。お金のためではなく、未来食堂の理念が伝播されることを目標としているためです。ですので、お金を払った限られた人だけが閲覧できる形を望んでいません。

例えば雑誌の取材では、雑誌自体は有料ですが、ネット上で記事内容を全文公開してもらうなどの融通を利かせてもらっています。マスメディアに関しては、閲覧できる人はテレビや新聞を持っている人に限られますが、これらは社会的インフラと見なし、マスメディアを〝無償で記事公開をしている〟と定義しています。

●記者様の過去記事、掲載紙をお教えください

例えば取材依頼者が過激派などの場合は、未来食堂が誤解を受ける可能性があるた

め お断りします。ただ、開店してから1年半経った今まで、媒体自体の思想が相容れない、といったことはありませんでした。

●貴社がマスメディアの場合
●貴社がその他メディアの場合

マスメディアかその他メディアかで分けるようになったのは、あまりにも依頼の数が増えてしまい、どういう基準で取材を受けるかを明示する必要に迫られたからです。

というのも、取材ではいつも同じことばかりを聞かれます。そのことにすっかり心理的に疲弊してしまい、「こういう取材は受けたくない」とこちらから宣言しない限りは解決しないと考えたからです。

例えば私の場合は、理系大学出身であることや、会社員だった経歴ばかりが聞かれますが、同じことを何度も聞かれるというのは想像以上に苦痛です（性格もあるかもしれません）。そして出てくる記事は結局、既視感のある似たり寄ったりの内容なのです。

同じことを何度も聞かれ、上がってきた記事を校正する負担を考えると、いつでも快諾することが難しくなってきました。
ですので、その媒体がどのくらい影響力があるのかによって対応を区分していま
す。

●記事は下書き段階で、可能でしたら確認させてください

名前間違い、店名間違いは頻発します。また、一度記事が公開されてしまうと、いくらその後で訂正記事を出しても、最初の記事の伝播《でんぱ》速度にはかないません。公開する前に修正するのが最善です。

●誤字脱字は極力避けてください

個人的な意見だとは思いますが、出来上がりの原稿にあまりにも誤字脱字が多いと「ちゃんと仕事をしているのだろうか……」と不安になります。
「わざわざこんなこと書かなくても」と思われたかもしれませんが、実際に驚くほどの誤字脱字の原稿を渡されたことが複数回あり、事前に確認させていただいていま
す。

●連絡は極力メールにてお願いします

●営業時間内のインタビューは貸切が必要です（貸切料金をいただきます）

一人で回している飲食店で取材対応や依頼電話を受けていると、お店にお客様がいらっしゃってても対応できなくなります。

また、営業中に「原価率、効率化の工夫について教えてください」という質問を受けたことがあり、お客様がいらっしゃる中で店の裏事情や立ち入った話までしなければならず、大変居心地を悪くさせた苦い経験があります。未来食堂では原価率を含めた決算を公開していますし、効率化の工夫についてもブログや本にまとめていますが、ゆっくり食事を楽しみに来ているお客様の前で話す話題ではありません。

貸切料金をいただく理由については、お客様にとって「取材対応のため入店できません」と言われるよりも「貸切営業のため入店できません」と言われたほうが納得感があるだろうと考えたからです。

「メディアに取材されているから」という理由でお客様を拒《こば》んでしまっては、お客様のほうを向いていないように感じられます。貸切料金を払って貸切にしたうえで何をするかは貸切者の自由なのですから、きちんとお金を払っていただき、お客様としてお店を利用していただいています。メディアだから特別扱いするということはしたくありません。

●店内撮影時は、断りのパネルを貼ってください（※映像取材の方）

カメラを向けられることを、快く思わないお客様もいらっしゃいます。パネルを貼っていない頃はお客様が、お店に入った時点でカメラがあることに気がつき、嫌だなと思いながらもお店に入ってしまったので出るわけにもいかず……と居心地悪そうにしている姿を多々目にしました。

入り口に断りのパネルを貼るため、撮影を快く思わないお客様は足が遠のき、売上は通常よりも落ちるのですが、何よりもお客様が快適に過ごせることが第一なのですから必要な措置です。

パネルの文言まで決めているのは以前、「○○局XX取材撮影中。ご協力お願いします」というパネルを貼られたことがあり、その日の売上が通常の半分以下と激減してしまったことが原因です。「ご協力ください」と書かれていただけでは、ご覧になったお客様が「来店してはいけないのかな」と思ったとしても仕方ありませんよね。

それからはパネルの文言をこちらがお願いする文言に揃《そろ》えていただいています。

取材者の方も、悪意があって売上を落としたわけではありません。ただ、何がその人の〝ふつう〟なのかはバラツキがあります。想定外の対応をされた時は、拒絶するのではなくて、ルールを定めてお互いがうまくやっていく方法を模索することが大切だと思います。

●以下の記事は未来食堂のオフィシャルコンテンツですので、自由に引用できます（画像もOKです）

取材時に「載せていい写真はないか」とよく聞かれるので載せています。

●FAQ

よく聞かれることをまとめています。何度も聞かれる回数が減り、こちらとしても助かっています。

少し長くなりましたが、デメリットの一つである「殺到する取材依頼からのストレス」および、それに対処するために作った「メディアへのお願い」を解説しました。

急に注目を浴びて取材依頼が殺到するなど何か困ったことがあれば、この未来食堂の〝お願い〟をベースに、あなたに合った〝お願い〟を作ってみるのも有益かもしれません。

注目を集めることはメリットもデメリットもあるということ、伝わりましたでしょうか。デメリットのほうがその対処法も書いたゆえに、どうしても文字数が多くなってしまいましたが、ご覧いただいたように決してデメリットだけではありません。

「テレビで見て来たんです」と教えてもらうたびにやはり有り難いと感じるし、遠くから激励のメッセージをいただくこともあります。普通に営業していたら広がらなかった輪の中に飛び込んでいくことで、新しく見えることがあるのです。

「注目を集めるのは大変そうだ」と避けることも手だと思います。どういった判断にせよ、私の拙《つたな》い体験が参考材料になれば幸いです。

コラム――メディア露出の効果測定の難しさ

この章で「メディア露出すると突発的に客足が増えるが、その波が退いた後も平均来客数がじんわり底上げされる」と書きましたが、では果たしてメディア露出にはどのくらい効果があるのでしょうか。

実は、〝○○に出てどのくらい効果があったか〟について測るのは、大変難しいのです。この理由は大きく2つあります。

1. メディア露出が重なると、どのメディア起因か計測しづらい

メディア露出による客足増加は、露出直後だけではありません。「あのとき見た」という形で、相当のスパンを空けてお越しになるお客様もたくさんいらっしゃいます。そういったロングテール層と、

次のメディア露出が重なると、お客様の来店起因を計測しづらくなってしまうのです。どこかのメディアで取り上げられると、それを見た他のメディアから取材依頼の声がかかることもあり、未来食堂の場合はメディア露出が1年以上連鎖しています。このため、効果測定が難しいのです。

2. お客様自体が、来店起因となったメディア名を覚えていない

例えばお客様に「ラジオに出ていましたよね、それを聞いて来ました」と言われた時に、「ありがとうございます。どの番組ですか？」と聞いても、「何だったかなあ……。いつ聞いたかも覚えてないなあ」と返答される方が大半です。インターネット、新聞、雑誌、ラジオ、テレビ、さまざまな媒体で複数回露出した体感として、「○○を見て来ました！」と明確に答えられるお客様はほとんどいらっしゃいません。ですので、何が来店起因になっているのか、非常に分かりづらいのです。

もちろん「〝XXを見た〟で○○プレゼント！」など、それぞれのメディアにトレースできる情報をつけておくこともできますが、それは自分が管理しているメディアに限られます。例えば新聞社に取材されて記事になったとして、その記事に「○○プレゼント！」などと書くのは新聞社の理解がないと難しいでしょう。

テレビは放映直後から突発的に客足が増え、新聞は発行1カ月後から緩やかに増えるなど、メディアによる特徴はあります。しかし明確にその効果を測ることは難しく、よく「○○に出るのってやはり集客に影響あるんですか？」と聞かれるのですが、なかなか答えづらい質問の一つになっています。

この章のまとめ

1．注目を集めるメリット

――売上が上がる

短期的な売上増もあるが、ピークが落ち着いた後も、売上はジンワリ増える。

――理念に共感する人が増える

全国津々浦々からファンレターが来たり。普段とは違う層にリーチできる。

――チャンスが広がる

想像していなかった仕事や商談の依頼がくることも（こればかりは、開けてみないと分からない）。

――人のハブになれる

知名度が高まれば高まるほど人が集まり、人が集まっているということでさらに人が集まる。

2.

注目を集めるデメリット

——誹謗中傷・批評批判に晒される

根拠のない誹謗中傷も、そうとは分かっていても、やはり慣れないうちはショック。そういうものです。

——来店される方の期待値がつり上がる

テレビで見た通りじゃない‼と言われることもあります。そういうものです。

——殺到する取材依頼からのストレス

取材依頼に対しては、事前に文書でこちら側の意向をまとめておくことで、先方も無駄な労力を削減できます。

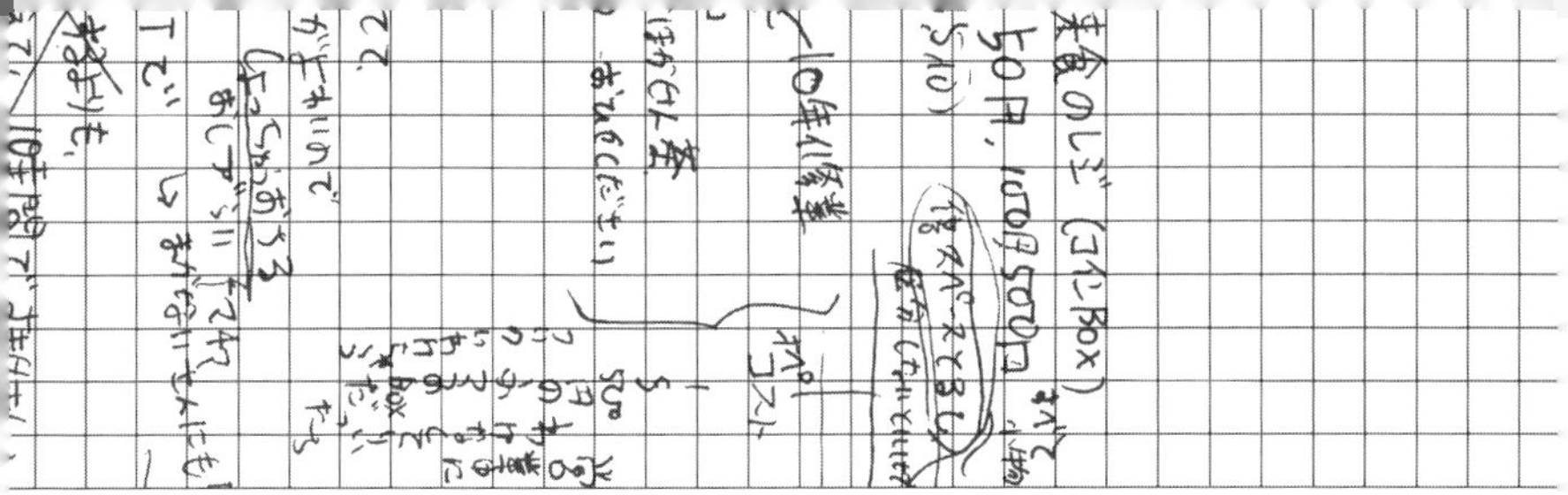

第 7 章

注目された時に
気をつけること

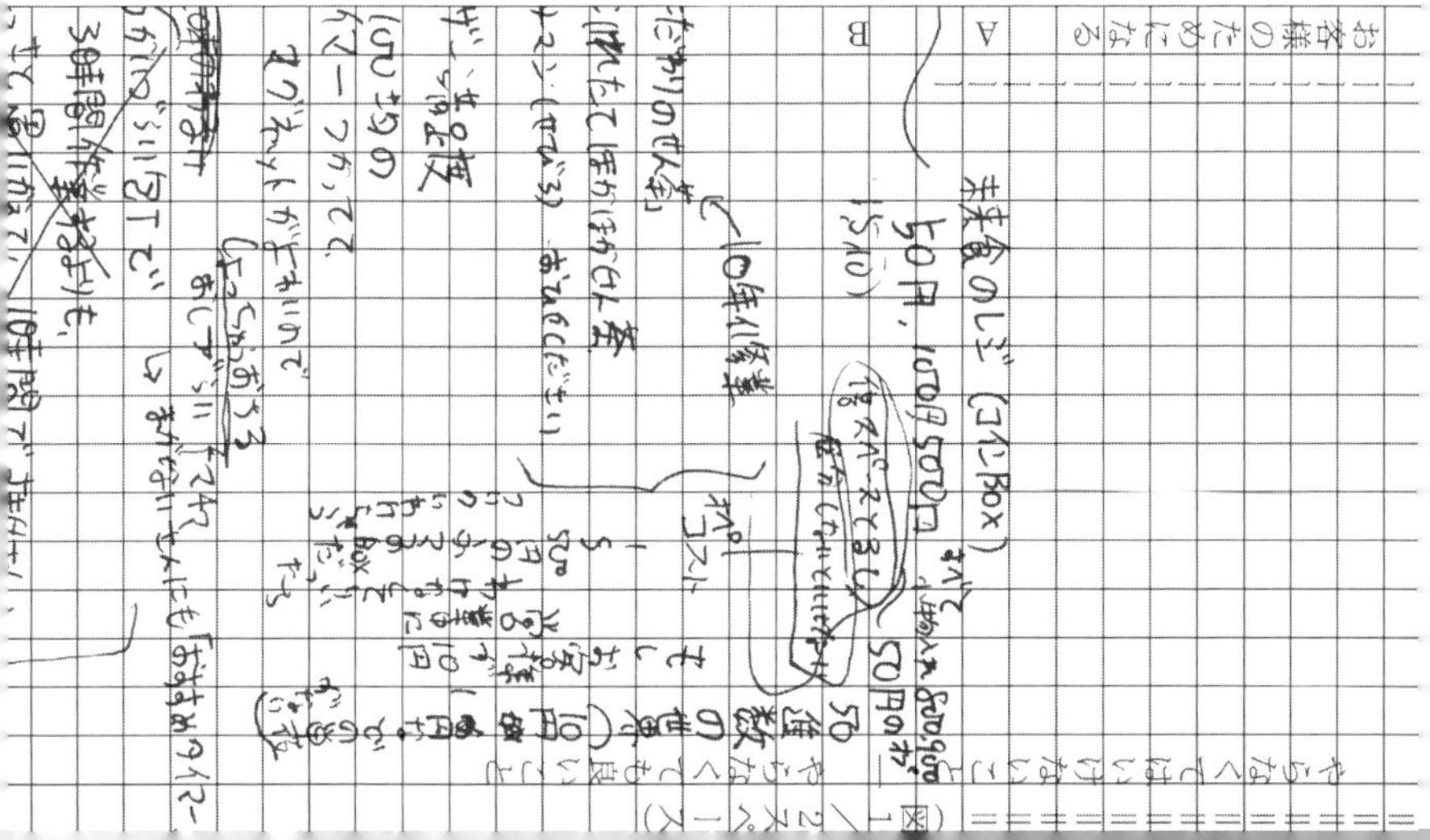

〝よく分からない〟は想像以上のストレスになる

私は、人前に出たり、社交的に振る舞うことが、得意ではありません。どこまで何を、どの程度伝えるべきなのか、いつも悩んでいます。広報のプロがついているわけでもないので、いつも判断は一人です。同じような境遇の人も周りにいないので、アドバイスを受けることもできません。

ここまでは、注目を集めた時のメリット・デメリット、その対処法をお話ししましたが、それ以前に、注目を集めた時に〝気をつけること〟が、いくつかあります。

というのも、注目を集める中で想像しなかった選択肢がいろいろ出てくるのですが、どういう判断でそれらの選択肢を選べばよいのか、分からなくなることが多々あるのです。

「取材を受けるか否か」などの選択肢もその一つ。重大なことにもかかわらず、何も先が見えないまま、「取材してもいいですか？」と選択を迫られます。正解も不正解も単純には見えてきません。「この取材を受けるとどうなるのだろう」と、よく分からないままに進むのは、非常にストレスがかかります。

ここで私が書くことは、ある一つの〝先〟、「こうすれば、こうなった」という結果にすぎません。もっと良い選択肢があったかもしれません。でも、こういった一例を知ることは、きっとあなたの判断の助けになることでしょう。

そう信じて、自分がいつも何に気を付け、どう振る舞っているのか、拙いながらも、お話ししようと思います。

この章で伝えたいこと

1. よくある不安
2. 取材者と向き合う
3. 軸をぶらさない

1. よくある不安

初めて「〇〇と申します、貴方の取り組みを取材させてください」と申し込まれると、嬉しさや緊張でドキドキしますよね。私もそうでした。振り返ると私は、こんなことを不安に思っていました。

私なんかが取材を受けて大丈夫だろうか……

取材した内容を良い作品にするのは先方の責務なので、いたずらに気にする必要はありません。「自分なんかが……」と卑下《ひげ》しすぎていると相手も説明に時間をとられ、スムーズな取材の支障になることでしょう。

同じことばかり話していて大丈夫だろうか……

たびたび取材が重なると、同じことばかり話していることに不安を感じるかもしれません。しかし「一度の取材で全人口に伝わるわけではない（＝広く伝播させるためには何度も同じことを繰り返す必要がある）」「同じことを聞くのは取材側の責任（既に取材された内容を調べていない相手に非がある）」ことを踏まえると、これもいたずらに気にする必要はありません（ただし、自分自身がいつも同じことを話していて苦痛であるというのであれば、取材者側と事前に内容を相談するなどしてもいいと思います）。

しかし、これらの心配事よりももっと大切なことがあります。それは「相手（取材者）と向き合う」ということです。

2. 取材者と向き合う

「何を話そう」「どう話せば伝わるだろうか」など、取材を受けるまでの心配はいろいろ尽きないと思います。しかし、〝取材者〟の気持ちを考えたことはありますか？

と、偉そうに聞こえたかもしれませんが、私自身、取材を受けて数回目までは、聞かれたことに答えるだけで精一杯で、取材者のことなんて何も考えていませんでした（誠に申し訳なく思っています……）。

ただ、何度か受けて場慣れし、ふと考えてみると、取材で来ている方も同じ人間です。人の話ばかり聞くのは苦痛ではないでしょうか？　ましてや取材者は取材をすることが仕事なので、一日何件も取材をされているに違いありません。そう考えると、一日に何時間も人の話を聞いて、そのうえでまた「話すことがいっぱいあるんだ」というオーラを充満させている私（やあなた）に向き合うのは、シンドそうではありませんか？

「それが彼らの仕事なんだから、そんなことを気にするべきではない」と思われるかもしれませんが、相手も人間です。心地よく過ごしてもらうことで取材の質も上がるし、結果的にも良い記事に結びつきます。よく就活のマニュアルで「聞かれたことだけに答えるだけでなく面接官も楽しませよ」というハウツーを見かけますが、それと同じことなのでしょう。

あなたは、あなたの取り組みの伝道師です。取材者をあなたの取り組みのファンにさせることが、あなたの責務なのです。ファンに自分の言いたいことを伝えるのと、「今日取材3件目だよ……疲れたなあ」と思っている人に自分の言いたいことを伝えるのでは、間違いなく前者のほうが、あなたの真意を丁寧に掘り下げた記事を作ってくれるでしょう。

では、具体的に私がどう「取材者と向き合っているか」をお伝えします。

取材10分前、私が必ずしていること

取材が始まる前に、インターネット上で相手媒体の最新情報を入手します。少しコンテンツをさかのぼるだけで、ある程度の期間の情報量が手に入り、会話の中でその

ことに自然に触れるだけで「あ、私の作品を読んでくれたんだな」と相手に好意を抱かせることができるのです。

前日のチェックでも良いですが、直前（10分前など）にもう一度行ないます。なぜならば、ネットの更新は頻繁に行なわれるので、直前であればより新しい情報が手に入るためです。直前まで気にかけていると、その姿勢は相手にも伝わります。

テレビ番組であれば、既に放送された番組を2つ3つ見ておくとか、雑誌であれば古本屋で過去雑誌を購入して目を通しておくなどです。

得た情報を見せびらかすように相手に話していては、せっかくの準備も逆効果です。無理に口に出さなくても、例えば過去記事を見ることで相手の興味のある対象が分かったり、最近気にかけていることが分かるので、そういったことを踏まえて自然に振る舞っているだけでもずいぶん喜んでくれているように思います。

蛇足かもしれませんが、取材者の名前でネットを検索する、いわゆるエゴサーチに類することはしていません。取材者個人の動向に興味はありませんし、その人・媒体の作品だけに注目すればいいと思うからです。

取材中、私が必ずしていること

いよいよ取材が始まりました。私が取材中にしていること、それは以下の2つです。

▼相手を名前で呼ぶ

▼相手に質問する

できるだけ名前を呼ぶことで相手に近しく感じてもらいます。また、質問をただ受け続けるだけではなく、いわゆる〝対話〟、相手にも質問を投げることでより〝あなたを気にかけています〟というサインを投げることができるでしょう。

何十回もインタビューを受けてきた今は、「取材者と対象者」という姿勢ではなく「一緒に記事を作っていくプロジェクトメンバー」という姿勢をとっています。「どんな記事にしようか迷ってるんです」と相談を受けることもたまにあります。それくらいお互いが心を開いたほうが、よい結果にも結びつくでしょう。

未来食堂の取材記事は、ネット上のものだけで累計11万シェアに達していることも、この取材時の姿勢と無関係ではないと思います。

3. 軸をぶらさない

取材というのは、第三者にサービスや自分を紹介してもらうということです。つまり、**自分の目的や期待通りに取材記事が出来上がるとは限りません。**取材者と自分の目的や理解が異なるからです。

例えば自分は平凡に頑張っているだけだとしても、勝手に「亡き祖母の想いを継いで孫が過疎地で始めた心温まるサービス」として紹介されてしまうかもしれないのです。

その紹介が、自分が思っているサービス像・自画像とズレていなければ問題ありません。ただ、往々にしてメディアは、分かりやすい物語や従来の美談にはめ込もうとすることがあります。「こんなふうに紹介されるなんて聞いてなかった」ということもあるかもしれません。

こう書くと、「何を伝えるべきなのか、考える必要があるな」と思われたかもしれませんが、それは少し違います。というのも、「何を伝えるべきか」よりも「何を伝えないべきか」を決めておくほうが重要なのです。先ほどの例で言うと、「亡くなったおばあちゃん」のことは（そういう軸で見られたくないのであれば）話すべきではありませんでした。

メディアはその媒体で決められた分量の中で取材記事を作ります。新聞は紙面量、テレビ・ラジオは放送時間、インターネットは文字量。つまり、いくらあなたが「伝えたい」と願ったとしても、紙面の都合上それが必ずしも掲載されるとは限らないのです。また、あなたが伝えたいことと、メディアが伝えたいことが一致しない場合も、掲載される確率は低くなるでしょう。

「伝えたいこと」は、必ずしも伝えられるわけではありません。対して、「伝えたくないこと」は、自分が公表さえしなければ伝わりません。「伝えたいこと」を伝えるかはメディアに判断権がありますが、「伝えたくないこと」は自分でコントロールできるのです。

ですから、メディアに注目された時には「伝えたくないこと」を意識しておくことが大切なのです。

未来食堂であれば、

・料理のおいしさ

・〝ブームである〟などの世の中での反響状況

には言及しないと決めて、先述した〝メディア様へのお願い〟にも（取材者の目に留まるところにも）、その旨を記載しています。

◇料理の美味しさ

未来食堂は〝あつらえ〟を通してお客様の美味しさを作ることに価値がある。「〇〇が美味しい」「〇〇を××しているから美味しい」などとプレゼンすることは店側の美味しさを押し付ける従来の飲食店の在り方と変わらない。飲食店にとって美味しさをアピールできないことはある意味致命的であるが、来てくださったお客様自身に評価していただくことをゴールとし、未来食堂側からは一切広報しない。耐えること。

※ただし調理技術については可とする。積極的に開示すること。

◇「ブームである」などの世の中一般（＝〝あなた〟以外の他人）の反響状況

例えば「定食屋『未来食堂』が最近ブームです」のような記事はNG。

未来食堂はあくまで〝あなた〟に対して開いている定食屋である。読み手が「ブームである」情報を受け取ったとして、「そうなんだ」程度で終わる可能性が高い。他人事のように感じさせることを避けるため、これらの記述は避けていただきたい。

（未来食堂HP内『メディア様へのお願い』より引用）

これにより、未来食堂は過去多々メディアに出てきましたが、「まったく不本意だ」と感じる取り上げられ方をされたことはありません。私の考える理念（『誰もが受け入れられ、誰もがふさわしい場所』の伝播）が紹介されたことはほとんどありませんが、それは前述したメディアの性質上、仕方がないことだと思っています。

未来食堂から見たメディアの役割は「見たい人に、ほんの少し未来食堂に興味を持ってもらうこと」であり、「未来食堂の100%が伝わらない内容だった」と言ってメディアを責めるのはお門違いでしょう。

これはメディア以外にも、例えばお客様やサービスのユーザーに対する振る舞いとしても有用です。ふらっときたお客様に一から十まで理念を話していては、居心地のいいサービスとは言えません。「何を伝え〝ない〟か」を意識して振る舞うことで、相手も負担なくサービスを楽しめるのではないでしょうか。

〝自分〟をどう見せるか

あなたが新しいことを一人・小規模で始めたならば、ひょっとしたら取り組みそのもの以外にも〝あなた〟に注目が集まるかもしれません。

というのも、未来食堂を始めた私自身が『元エンジニア』『元会社員』『数学科卒の理系』という切り口で、想定外の注目を集めてしまったのです。

私自身としては、理系であることや元会社員であったことは〝ふつう〟であり、何も特筆することなどないと考えていました。しかし世間は違ったのです。「普通だったら飲食業界に立ち入らない人が飲食業界で革命的なことをやっている」という取り上げられ方を何度もしました。

私のようにあなたも、思ってもみない角度からスポットライトが当たることがないとはいえません。そうなった時も先述した通り、「何を伝えないか」が一番大切です。私が「伝えてもいい」「伝えない」と判断したことは以下の通りです。

〈伝えてもいいこと〉

・元会社員であること
・理系、元エンジニアであること
・(性別学的に) 女性であること

経歴は隠せませんので、これについてはすべてオープンとしました。本来伝えたいこと(未来食堂の理念)ではありませんが、そこを興味の入り口にする人がいるならやむを得ないという判断です。
また、未来食堂は一人でランチ5回転を記録するなど、効率的なオペレーションを考えた飲食店であり、こういった仕組みは私が理系であることやエンジニア的思考が軸となりできたものなので、これについてもオープンにしました。

また、お客様と対面している接客業である以上、私の性別が分かることは避けられないので、〝女性であること〟も公開しています。ただし、過度に女性であることをアピールはしていません。これについては次に説明します。

〈伝えないこと〉
・母であること
・〝リケ女〟であること

メディアでは公表していませんが、私は一人子どもがいて、現在も妊娠中です。こういったことを公表すると「母として頑張る」「子どもと頑張る」「家庭的で温かなお店」といった、本来意図していない自画像やお店のイメージがつきまとってしまうので、表にはいっさい出さないようにしています。

また、私は理系で女性ではありますが、女性であることを特別意識させるような〝リケ女〟というラベルを自分に貼る気はありません。

華美な恰好をして女性であることを宣伝する必要もないため、取材や講演でも通常営業と同じ『手ぬぐい・ポロシャツ・ジーンズ』という恰好を崩しません。化粧もしません。いつも同じ恰好をしていたほうがアイコン化して覚えてもらいやすい、という理由もあります。

異性をその気にさせて商売を回すことをまったく否定しませんが、未来食堂は『誰もが受け入れられ、誰もがふさわしい場所』を理念としているので、女性性を過度に宣伝することはイメージとズレていってしまうのです。

『リケ女』『ママ起業家』というラベルが一度付いてしまっては、剝《は》がすことは容易ではありません。既に世の中にある分かりやすいラベルであればあるほど、伝播される速度も速いのです。

自分のアイデンティティはどこにあるのか、そのアイデンティティは取り組みとマッチしているのか、それをよく考えて「伝えないこと」を整理しておきましょう。

〝母〟をカミングアウトしたタイミング

例えばテレビの密着取材で「家での普段の生活を撮らせてください」と言われたこともありましたが、子どもがいることがばれてしまう可能性があったのでお断りしました（こういったケースでも、「母であることを公表したくないので」と話すと皆さん理解してくれるので、困ったことは一度もありません)。

さて、このように母であることを伏せ続けていたのですが、昨年の2016年12月に日経ウーマン・オブ・ザ・イヤーを受賞した際に、初めて、母であることを不特定多数に向けてスピーチでカミングアウトしました(ですので、こうやって本の中で皆さんにお話しできているのです)。

自分が「こう見せたい」とデザインしたアイデンティティが、さまざまな事情によって変わらざるをえない時があります。私の場合は、開店して1年経った時の妊娠です。

出産時にはお店を閉めないといけないし、「体調不良で」と偽って閉めていてはお客様にも心配されます。出産することを明かすとなると第一子がいることも話さないと不自然だし……、ということで、ずいぶん悩んだのですが、受賞スピーチを良い機会と考え(妊娠5カ月目)、このタイミングでカミングアウトしました。

この受賞スピーチがカミングアウトに最適だと考えたのは、2つ理由があります。

1つ目は、『自分の言葉で発信できる』ということ。

自分の考え（この場合は、自分が〝母〟であることをアイデンティティにしていないこと）を、きちんと伝えられるだけの場が与えられることはそうそうありません。先述したとおり、メディアに取材される形で不特定多数に表現しようとすると、100%、自分が期待したようには報道されません。特に、「母であること」のように非常に『良いイメージ』で『今の社会にふさわしい』ラベリングであれば、それを当人がどう思っているかなど関係なく瞬く間に伝播されます（今の日本は女性の社会進出、少子化対策などが叫ばれているのです）。「せかいさんはママ起業家なんてスゴい！」となってしまうのです。

2つ目は、〝ウーマン〟オブ・ザ・イヤーという〝女性〟に与えられる賞の中で、女性性になびかない姿勢を表現することは、『閉塞感を感じている大勢の女性に励ましのメッセージとなる』と考えたこと。

というのも2017年現在、女性は年代関係なく母・妻・仕事（好きなこと）の3つを持っていることを求められる風潮が強いように思います。子どもを産んで少子化解決に貢献し、働いて国に貢献し、家庭でも良き妻となって夫に貢献する……。そのような難易度の高いパフォーマンスを求められているように感じるのです。

私が受賞することにより、〈〝母〟のカードを手に入れていなくても、価値を認めてもらえる〉ということに留まらず、〈あえて〝母〟のカードを振りかざさなくても、自分らしく生きていける〉ということを伝えたかったのです。

何をどう伝えるか、きっと答えはありません。

しかし、丁寧にメッセージを伝えていけば必ず理解者は現われる、そう信じて試行錯誤を繰り返すことが大切なのかもしれません。

最後になりましたが、この章の結びの代わりに、日経ウーマン・オブ・ザ・イヤー受賞時の全文スピーチを載せておきます。

このたび、日経ウーマン・オブ・ザ・イヤーという、大変大きな賞をいただいたことにとても意味を感じています。

私自身は小さな人間で、未来食堂も12席だけの小さな定食屋です。

私自身が受賞に値するとは思えませんが、この賞は、私のように世の中の〝こうある〝べき〟という姿に立ち向かい、今まで誰も見たことがないような新しい世界を産み出していく、そんな孤独な戦いに明け暮れている方の代理として、本日、いただきに参りました。

このように著名な賞をいただくことを、私は大きな試練だと考えています。

なぜなら、未来食堂、そして私の理念は、『誰もが受け入れられ、誰もがふさわしい場所』。

未来食堂は最後のセーフティーネットとして、ただただ『あなた』のためにある場所です。

しかしそんな小さな場所を理念とする私が、このような賞を受賞し、一度有名人になる快楽に溺《おぼ》れてしまえば、あっという間に『誰もが受け入れられ、誰もがふさわしい場所』という理念は変質してしまうのではないでしょうか。

多くの人に「未来食堂は良い」と思われたからこそ、今日、この場に立つことができました。

しかし、それは目的ではなく、結果にすぎません。

『誰もが受け入れられ、誰もがふさわしい場所』に向かう私の小さな足取りは、このように大きな賞賛の爆風によって今にも吹き飛ばされそうです。

私のように小さな人間に、このような大きな試練が与えられたことに、心から感謝いたします。

最後に一言だけお伝えしたいことがあります。

私は、未来食堂を始めるために会社を辞め、パートやアルバイトをしながら修業を重ねました。

そんな過程を報道で知った方から、「そうやって気ままにチャレンジできるのも独身だから」といったコメントをいただくことがよくあります。

しかしそれは違います。

私は結婚しており、6歳の子どもがいて、今、妊娠5カ月目です。

「こんなチャレンジができるのは独身だから」という発言に、私はNOと答えます。

しかし私は、母であることに自分のアイデンティティはありません。
ですので、これ以上のコメントは特にありません。

環境が、あなたの行動にブレーキをかけるのではありません。
あなたの行動にブレーキをかけるのは、ただ一つ、あなたの心だけなのです。

この章のまとめ

1. よくある不安

取材を頼まれて、期待半分・不安半分なのは皆同じ。

2. 取材者と向き合う

自分の取り組みを伝えたいのは分かるが、その前に、取材者をどのくらいファンにできるのか、に意識を向ける。

3. 軸をぶらさない

自分や、自分の取り組みがどう見られたいのか、を常に意識して振る舞う。言いたくないことは、とことん伏せる。

特別対談

ライフネット生命保険会長
出口治明氏

×

未来食堂店主
小林せかい

「常識を疑うということ」

私一人が話をしていても退屈なので、ここで未来食堂によくお越しいただいているお客様の一人でもあります出口治明さんに、ご登場願います。ライフネット生命保険株式会社代表取締役会長の出口さんとは、ライフネット生命のウェブマガジン、「ライフネットジャーナルオンライン」で以前対談させていただいたご縁もあり、本書の感想を直接おうかがいしました。

根拠なき精神論が溢れているなか、久々にまともなビジネス書に出会いました——出口

出口　せかいさんは今まで2冊、本を出されていますが、最初の本はせかいさんの開業までのブログをまとめたもので、2冊目は未来食堂のシステムを解体した本でした。そして3冊目のこの本では、〝小林せかい〟という人間がどのようにものごとを考え、人生にどう対応しているかということが書かれている。表現が過激ですが、ストリップだなと思いました（笑）。

せかい　本当におっしゃるとおりです。「自分」を解体するような作業でした。自分としては普通と思ってやっていることなので言語化するのが難しかったですし、「こんなことを書いて面白いんですか？」と何度も編集者の方と確認したものです。

出口　めちゃ面白いですよ。考え方から始まり、どう行動に移すか、行動を続けるための工夫、自分をどう伝えるかということへと続き、注目を浴びた時にどう考えたか、ということまで、せかいさんの実体験をベースにして素直に書いてある。すごく説得力のある本だと思います。

本屋に行くと、「みんなが一所懸命働いたから日本の経済がよくなった」「日本人は優れているから大丈夫や」といった夢みたいなことが書かれた本ばかりじゃないですか。「根拠なき精神論」が満ち溢れている中、久々に「まともなビジネス書」に出会って、うれしくなりました。

せかい　〝夢みたいな〟って……（笑）。私にとってはごく当たり前のことを文章にしただけなんですが、どう考えているかを説明しているところが、特に出口さんに響いたんですかね。

出口　考え方というよりも、せかいさんが、一所懸命考えて自分なりに腹落ちし、ぶれない軸を持ってやっているというところですね。人間って腹落ちしなかったら行動できないし、自分の中に芯になるものがなければ、継続できませんからね。

未来食堂は、一見普通の食堂のように見えるけれど、せかいさんが考え抜いて設計した一つの世界だということがこの本を読んで改めてよくわかりました。

時間・能力・資源は有限。
「大事なこと以外しない」
「やる量ではなく時間を決める」
というのは、まったく同感です——出口

せかい　出口さんが未来食堂に最初に来てくださったのは、2016年7月、オープンから10カ月後のことでした。

出口　せかいさんのお父さんと僕は大学のゼミが一緒で、同窓会で会った時に「娘が食堂を始めた」とうかがったのが、そもそもの来店のきっかけです。初めてお店に来て、すぐにええところやなと思い、それからせかいさんの本を読んだんですが、ベーシックな部分で僕と似ているような気がしました。だから、ここへ来るとすごく居心地がいいんだと思います。

せかい　私も出口さんの本を読んで、物事を分解して考える、ルールを決める、など、同じような考え方をするんだなと感じました。

出口　この本の1章に「『当たり前』を解体する」という項目がありますが、僕は因数分解がすごく大事だと思うのです。

一人で何かを考える時にも、人と何かについて議論をする時にも、その問題をできるだけ要素に分けて、頭を整理し、何が本質的に問題で、本質的にやるべきことは何なのか、誰がやるのか、どのようにやるのか、というようにできるだけ要素に分けてから、全体像を見たほうがいいと僕は思っています。

せかい　時間も資源もスタッフも有限ですからね。まず大事なところを押さえ、自分の不得意なところを人に頼んで埋めてもらうというのは、本当に当たり前な感じがします。

出口　当たり前のことを当たり前にやるというのはほんとに難しくて、仕事上の問題は当たり前のことができないから生じることが多いんですよね。僕はそんな気がします。

それから、今まさにせかいさんが言われた「有限の感覚」もすごく大事ですよね。時間も十分あって、経営資源もスタッフも十分あるし、一所懸命考えたら何でもできるという前提で、こうすべきだと正論を言う人が多いけれど、実際の仕事や人生には、いろいろな制限がありますよね、一人ができることも限られていますし。時間をかければいいもんができるとか、みんなで知恵を出し合えばいいアイデアが出るというのは、僕は間違っていると思うんです。

人間ってそんなに集中力も続かないし、時間も、自分の能力も、使える資源やスタッフも、全部有限なんで、その中で何を断捨離するかが重要になってくる。だから、時間の使い方の項目にある〈大事なこと以外はしない〉〈やる量ではなく時間を決める〉というのは、まったく同感ですよね。「今書いているこの原稿は、19時10分まで頑張ろうと決めています」というくだりには、しびれました。

人間はなまけもの。ルールを作ってしまえば、あれこれ考えないで済みます――せかい

せかい　ルールを作ってしまえば、あれこれ考えずに済みますからね。「決めたらやる」「例外を作らない」

ということが出口さんの本に書いてあって、私もその通りだと思いました。「メニューを毎日替えるのは、大変じゃないですか？」とよく聞かれるんですけど、そう決めてしまったら、やるしかないんですよね。

出口　人間はなまけものですから、一回でも例外を作ってしまったら嫌になるんです。ルールって例外を作ったらすぐに崩れるんですよ。だから、僕は絶対に例外を作らないんです。

せかい　そうですよね。でも、例外を作らずにやっていると、ストイックだと言われませんか？　私はよくストイックだと言われるんですけど、出口さんはいかがですか？

出口　僕は、ストイックでもなんでもなくて、決めたらその通りにやるほうが楽だし、余計なことを考えなくて済むから、そうしているんですけれどね。もし例外を作ったら、そのために自分を納得させなければならないじゃないですか。

せかい　その通りにやるほうが楽だから、やっているだけなんですよね。自分では呑気な性格だと思っているんですけど、人からはそういうふうには見られません。

出口　僕も自分ではイージー・ゴーイングだと思っているけれど、まったく違った見方をする人は大勢います。でも、それはしょうがないことなんで、自分が思う自分と、人から見られる自分にギャップがあっても、僕はあんまり気にしません。

そういえば、6章で「誹謗中傷・批評批判に晒《さら》される」ことの対処法として、僕がお話しした「2：6：2の法則」のことが書いてありましたね（笑）。

せかい　出口さんから「2：6：2の法則」を教えていただいたおかげで、だいぶ気持ちが楽になりましたし、出口さんの「気にしないっぷり」は、つねづねロールモデルだと感じています（笑）。

日経ウーマン・オブ・ザ・イヤー受賞のスピーチのために、マザー・テレサについて研究書レベルまで調べました――せかい

出口　本の最後に、日経ウーマン・オブ・ザ・イヤーを受賞した時のスピーチを載せて、終わらせているのもすばらしいですね。あのスピーチ、めっちゃよくできていますよね。変な話ですけれど、ちゃんと考えて話されていますよね。

せかい　はい、ちゃんと考えています。実はあれを書く前に、マザー・テレサの伝記とスピーチを研究書レベルまで徹底的に読んだんです。なぜかというと、マザー・テレサさんは、ノーベル平和賞をとるなどしてすごく有名な方ですが、本人は別に名声や名誉に固執していませんでした。どうやって貧しい人を救うかとか、キリスト教をどうやって広めていくかといったことを考えていたシスターですよね。世間の評価と本人の思いの間にあるそのギャップが、レベルは全然違うけれど、私自身が感じているギャップと似ているなと思ったんです。

　私は食堂をやっているだけなのに、周りがすごいと言う。マザー・テレサは病気の人のお世話をしているだけなのに、ノーベル賞がやってくる。その辺のギャップをどう受け止め、ノーベル平和賞を受賞した時に彼女がどう話したのかということを知りたくて、徹底的に調べました。

出口　あのスピーチの全文を読んで、相当時間をかけて作ったということがすぐに分かりました。不思議なもので、よく考えて書かれたものと、そうでないものって、分かるんですよね。

せかい　読書量の多い出口さんからそう言っていただけると、うれしいです。

出口　むっちゃ気に入ったんで、勝手にフェイスブックにアップしましたし、「環境が、あなたの行動にブ

レーキをかけるのではありません。あなたの行動にブレーキをかけるのは、ただ一つ、あなたの心だけなのです」という締めくくりの言葉は、春に出版予定の僕の本の中で、最近感動した言葉として勝手に引用させてもらいました。許可ももらわずに、すみません（笑）。

せかい　え〜、そうなんですか！　それは、光栄です（笑）。

人が本当に自由になるには、常識は全部疑ったほうがいい。常識を疑うには、既存を徹底的に学ぶ必要があるんです——出口

出口　「あなたの行動にブレーキをかけるのは、あなたの心だけ」というのは、言い換えれば「世間の社会常識に従っているあなたの心が、あなたの行動を止めている」ということですよね。

人が本当に自由になるためには、常識は全部疑ったほうがいいんですよ。常識からスタートしたら、何事もろくなもんが生まれないんで。ただし、常識を疑うには、常識を知らないといけないんですよね。

「常識を疑え」というのはマルクスが言った言葉で、「常識を疑うところから科学は始まりまっせ」という人はいっぱいいるんですけれど、常識を疑うためにはまさにその常識を知らなければいけないんです。その常識の根拠になっているものが何かを、自分で因数分解していかないと、「こんな常識は嫌やで」という単に好き嫌いの話になってしまうんですよね。

この本の2章に「徹底的に既存を学ぶ」という項目があるように、常識を疑うためには、既存を徹底的に学んで、なんでこんな社会常識ができたのか、その常識によってどういう不都合があるのかということを因数分解して、再構成しなければならないんです。

せかい　単に常識と違うことをやるというのは薄っぺらいですし、既存のものをベースにしなければ、アイ

デアも浮かびませんからね。

出口　徹底的に薄っぺらくして勝負するという手もありますが、でもやっぱり、せかいさんのように、ていねいにきちっと順序を踏んで考え抜いていかないと、人の心を打つことはできないと思います。薄っぺらくても変なことをやれば、新奇さはありますが、そんなものはすぐに飽きられちゃうんで。家と一緒で、土台からていねいにしっかりと作ったものは、考え方でも生き方でもお店でも、安定していてぶれることなくとても強いと思います。

せかい　この本は「何かを始めたい」という人に向けて書いたんですが、出口さんがこの本を薦めるとしたらどんな方ですか？

出口　個人的には、めっちゃ頭の固いおじいさんに読んでもらって、反省してほしいですね（笑）。でも、そういう人は読んでも分からないかもしれませんね。まともな本は、やっぱりすべての人に読んでほしいので、次の世代を担う若い人たちにも読んでほしいし、社会を支えている中堅の人にも読んでほしいですね。結局、すべての人、ということになりますね（笑）。

（2017年2月15日　未来食堂にて）

あれから1年経ったあなたへ――あとがきにかえて

「本当にやるんです」と伝えてもらった時から、気がつけばあっという間だった気がします。

いろいろあったと思います。「あまり首を突っ込むのもよくないな」と私自身が思っていたこともあり、頻繁に連絡を取るということはしていませんでした（きっと、これからもしないでしょう）。

でも、ずっと気にかけていました。「元気にやってるのかなあ」って。
大きなお世話ですよね。1年前のちょうど今くらいは「いよいよあなたもスタートするのか……本当に大丈夫かな」と、応援しながらもハラハラしていたものです。その気持ちが今でも、ずっと続いているように思います。

私が未来食堂を始めた時、もともと会社員で料理の経験もない私が定食屋を始めたのですから、周囲に抱かせた不安は、私があなたに対して抱いた不安の比ではなかったでしょう。周りをハラハラさせている私が、あなたを心配するというのは滑稽な話ですよね。「せかいさんは心配性だなあ」と笑ってください。

あなたの役に立つのなら、と自分自身を振り返ってこの本を書いたのですが、自分自身について自分で語るのは考えていたよりも難しいことでした。自分の〝普通〟は自分にとっては普通なので「こんな私の習慣や考え方を読んで、他人は面白いのだろうか」と悩み、気恥ずかしくもなりました。でも、『あなたにとって1ミリでも役に立つことがあるなら』と、結局はその願いだけが、この本を書き上げるまでの、暗く細い道を照らし続けてくれました。

たとえスタートした時の足取りがおぼつかなくても、1年経つとずいぶん進化を遂げているのだと思います。私はそのことが、日々成長するあなたが、本当に尊いと思います。

一人一人進む道は別々で、あなたと私の目指す未来も同じというわけではないでしょう。でもそれでも、ひととき同じ時間を共有できた。そのことを本当に有り難く思っています。「今日もあなたは頑張っているんだろうな」と思うと、心に灯がともるようです。

お互い、果てのない道を行きましょう。
あなたが今見ているのはどんな景色ですか。またの再会を、楽しみにしています。

小林せかい

2017年3月

切りとり線

★読者のみなさまにお願い

この本をお読みになって、どんな感想をお持ちでしょうか。祥伝社のホームページから書評をお送りいただけたら、ありがたく存じます。今後の企画の参考にさせていただきます。また、次ページの原稿用紙を切り取り、左記編集部まで郵送していただいても結構です。

お寄せいただいた「100字書評」は、ご了解のうえ新聞・雑誌などを通じて紹介させていただくこともあります。採用の場合は、特製図書カードを差しあげます。

なお、ご記入いただいたお名前、ご住所、ご連絡先等は、書評紹介の事前了解、謝礼のお届け以外の目的で利用することはありません。また、それらの情報を6カ月を超えて保管することもありません。

〒101―8701（お手紙は郵便番号だけで届きます）
祥伝社　書籍出版部　編集長　萩原貞臣
電話03（3265）1084
祥伝社ブックレビュー　http://www.shodensha.co.jp/bookreview/

◎本書の購買動機

＿＿＿＿新聞の広告を見て	＿＿＿＿誌の広告を見て	＿＿＿＿新聞の書評を見て	＿＿＿＿誌の書評を見て	書店で見かけて	知人のすすめで

◎今後、新刊情報等のメール配信を　　希望する　・　しない
（配信を希望される方は下欄にアドレスをご記入ください）

@

100字書評

やりたいことがある人は未来食堂に来てください

住所

なまえ

年齢

職業

小林せかい（こばやし・せかい）

東京工業大学理学部数学科卒業。日本ＩＢＭ、クックパッドで６年半エンジニアとして勤めたのち、１年４カ月の修業期間を経て、2015年９月、東京都千代田区一ツ橋に、カウンター12席の「未来食堂」を開業。メニューは日替わり１種のみ、着席３秒で食事ができる、決算や事業書を公開、「ただめし」「まかない」「さしいれ」「あつらえ」などユニークで超合理的な仕組みを考え、飲食業に新風を吹き込む。こういった活動が評価され「日経WOMAN」ウーマン・オブ・ザ・イヤー2017を受賞。「カンブリア宮殿」「ガイアの夜明け」「WBS」など多くのメディアにも取り上げられる。「誰もが受け入れられ、誰もがふさわしい場所」を理念とする未来食堂の活動は、「食堂の枠を超えた食堂」と共感を呼んでおり、新しいことを始めたい人が、何かを学びに日々お手伝いに訪れる。その数、年間450人。著書に、『未来食堂ができるまで』（小学館）、『ただめしを食べさせる食堂が今日も黒字の理由』（太田出版）がある。本書は、何かをやりたい人へ、自身の経験・考えをまとめた、初めての本。書き下ろし。

未来食堂　http://miraishokudo.com/

やりたいことがある人《ひと》は未来食堂《みらいしょくどう》に来《き》てください

平成29年４月10日　初版第１刷発行
平成30年12月10日　　　第８刷発行

著　者　小林《こばやし》せかい
発行者　辻　浩明
発行所　祥《しょう》伝《でん》社《しゃ》

〒101-8701
東京都千代田区神田神保町3-3
☎03(3265)2081(販売部)
☎03(3265)1084(編集部)
☎03(3265)3622(業務部)

印　刷　堀内印刷
製　本　ナショナル製本

ISBN978-4-396-61598-7　C0095　Printed in Japan
祥伝社のホームページ・http://www.shodensha.co.jp/